# 「さすが!」は
# 英語でなんと言う?

ルーク・タニクリフ

大和書房

# はじめに

お久しぶりです！　ルーク・タニクリフです。

この本は、2016年10月に刊行された『「とりあえず」は英語でなんと言う？』の続編です。

前回の本では、「とりあえず」や「久しぶり」などの日本語らしい言葉を英語でどう表現すればいいのか説明しました。しかし、「さすが(P.97)」や「ハマる(P.37)」のように、頻繁に使われている日本語らしい言葉は、まだまだたくさんあったため、続編を書くことにしました。

日本語を英語に直訳するだけでは、日本の文化にもとづいた気持ちや考えはきちんと伝えられません。

たとえば、「草食系男子(P.124)」をvegetarian manと言うと、英語のネイティブは「肉を食べない男性」を思い浮かべます。これでは、ネイティブに正しい意味が伝わりませんね。

この本では、**英語のいろいろな言葉が持つニュアンスや場面によって異なる意味、英語圏の文化などを丁寧に説明**しています。

あと少しで東京オリンピックが始まるので、英語を使う機会も増えると思います。そこでは、日本の文化を英語で説明することがあると思うので、今回は「おもてなし」や「絆」「花見」のような日本の文化を表す英語もたくさん紹介しました。

　このような言葉を英語でうまく伝えるには、日本の文化も英語圏の文化もよく考えなければなりません。


　僕には、イギリス人の父とアメリカ人の母がいます。イギリスのコーンウォール州に生まれ、13歳でアメリカのノースカロライナ州に引っ越しました。

　大学を卒業してから、ワシントンDCで雑誌の記者として働き、1年後、新潟県の山に囲まれた美しい町、村松町(現五泉市)に引っ越しました。その頃、日本語をまったく知らなかったため、ハリー・ポッターの英語版と日本語版を見比べながら日本語を勉強しました。

　当時の僕は日本語を話すとき、思わず英語の文法を使ってしまい、とても英語っぽい日本語を話していました。

　このような言葉の壁は、日本人が英語を話すときにも出てきます。その頃から僕は、日本語に興味を持ち始め、日本人特有の英語の間違いや言葉遣いにも興味を持つようになりました。

2008年に再び来日し、英会話講師とビジネス翻訳の仕事をしつつ、東京大学大学院で翻訳を学びました。

2010年には、英語を教える日本語のブログ「英語 with Luke」（www.eigowithluke.com）を作りました。

ブログは毎週更新していて、初心者から上級者まで、レベルを問わず楽しめる英語についての記事がたくさんあります。おかげさまでブログは月間150万PVのサイトとなり、4つの本を出版しました。

嬉しいことに、大和書房の『「とりあえず」は英語でなんと言う？』は、僕が期待したよりもよく売れて、こうして続編を書くことになりました。

現在「NHKラジオ　基礎英語1」のテキストと「婦人公論」でも連載をしていて、英語についての記事もたくさん書いています。

この本を作るにあたって、大和書房の編集者である草柳友美子さんは、僕の日本語をしっかり修正して、わかりにくいところを指摘してくれたので、とても感謝しています。

今回も、前作と同じく、ネイティブらしい言い回しをたくさん載せています。そこには、学校や教科書では教えてくれない

ような、一般的なスラングもたくさん紹介しています。

　ぜひたくさんの生きた英語を覚えて、今日から使ってみましょう！

ルーク・タニクリフ

# C o n t e n t s

**はじめに** ⋯⋯ 3

## 第 1 章 「自分の行動」を伝える

**リベンジする** ⋯⋯ 12

**泣く** ⋯⋯ 16

**理解する** ⋯⋯ 24

**ど忘れ** ⋯⋯ 28

**あなたが好き** ⋯⋯ 33

**ハマる** ⋯⋯ 37

**ディスる** ⋯⋯ 41

**ドタキャンする** ⋯⋯ 44

COLUMN　ビールを英語で注文する ⋯⋯ 48

COLUMN　運動に関する英語 ⋯⋯ 50

## 第 2 章 「自分の状態」を伝える

**時差ボケ** ⋯⋯ 54

**花粉症** ⋯⋯ 58

**大丈夫** ⋯⋯ 62

忙しい ……69

## 第3章　モノを評価する

薄い ……74

腐る ……79

神ってる ……84

ゲスい ……88

ウケる ……92

さすが ……97

COLUMN　神を冒涜していない？ ……100

COLUMN　性差別的な英語に注意 ……104

COLUMN　ガラクタを表す面白い英語 ……107

## 第4章　「性格」を伝える

KY・忖度 ……112

人見知り ……116

明るい ……120

草食系 ……124

積極的 ……129

のんき ……134

ナイーブ ……138

**お酒が強い** ⋯⋯ 141

**いい人** ⋯⋯ 145

**悪い癖** ⋯⋯ 149

**ずる賢い** ⋯⋯ 154

**オタク** ⋯⋯ 159

COLUMN　血液型で食べるべき物を考える ⋯⋯ 163

第 **5** 章　**表現力を上げる英語**

**そろそろ** ⋯⋯ 168

**やっぱり** ⋯⋯ 172

**せっかく** ⋯⋯ 178

**など** ⋯⋯ 182

**いっぽうで** ⋯⋯ 186

**いくらなんでも** ⋯⋯ 190

COLUMN　同音異義語のおやじギャグ ⋯⋯ 194

COLUMN　ネイティブらしくなる自問自答の使い方 ⋯⋯ 197

COLUMN　bow-wow 以外の犬の鳴き声 8 ⋯⋯ 200

第 **6** 章　**「日本の文化」を伝える**

**おもてなし** ⋯⋯ 204

**絆** ⋯⋯ 208

**日本が好きな外国人** …… 212

**桜・花見** …… 217

**紅葉** …… 223

COLUMN　海外にない文化「忘年会」…… 227

COLUMN　「神社」と「お寺」の間違った英語 …… 229


第**7**章　**これ、英語でなんと言う？**

**ハーフ** …… 232

**外国人** …… 236

**おととい・明後日** …… 240

**高齢者** …… 245

**田舎** …… 248

COLUMN　ratとmouseとでは大違い！…… 254

COLUMN　たくさんある「うんこ」の英語 …… 256

COLUMN　直訳できない日本語①「窓口」…… 258

COLUMN　直訳できない日本語②「嗜好品」…… 261

第 1 章

# 「自分の行動」
# を伝える

THEME

# リベンジする

ネイティブを
ビビらせている
「再挑戦」の英語

　以前、電車の中でこのような会話を耳にしました。
「こないだね、彼にご飯作ったんだけど、美味しいって言ってもらえなかったの。絶対リベンジするんだー」
　僕はそれを聞いて怖くなりました。なぜなら「絶対リベンジする」の意味を"I will get my revenge."だと勘違いしたからです。これは、日本語にすると「絶対復讐する」になります。

　もうおわかりかと思いますが、英語のrevengeは、日本語で使われるときの「再挑戦」という意味では使いません。英語では「復讐」や「仕返し」です。それを知らなかった僕は、

「自分の行動」を伝える

健気な女性を恐ろしい女性だと勘違いしてしまったのです。

どうやら日本語の日常会話で使われている「リベンジ」は「リベンジマッチ」から来ているようですが、英語のrevenge matchはスポーツのみで使う言葉。そのため、日本語の「リベンジ」をそのまま英語圏の人に使うと、誤解が生じてしまうでしょう。

それでは、日本語の「リベンジ」、つまり「再挑戦」を英語にしたいなら、どのように訳せばいいでしょう。まず、よく使われているのは、try againというフレーズです。

**I will just have/ to try again next time.**

次回また挑戦するしかないね。

**Don't give up. Try again!**　あきらめないで。もう一度挑戦して!

しかし、try againには、「次回はより頑張る」「もっと上達させる」のようなニュアンスは含まれていません。そのため、try harderやtry even harder next timeのほうが日本語の「リベンジ」に近いかもしれません。

**Next game I will try harder, and I will win for sure.**

私は次のゲームはもっと頑張って、絶対に勝つよ。

**I will try even harder next time!**
次こそはもっと頑張るからね！

　または、日本語の「リベンジ」はドラマチックさが出た言葉なので、そのユーモアも伝えたいなら、make a comeback や make my comeback というフレーズもいいでしょう。これで「復活する」という意味になります。

**I will make my comeback next week. He will definitely love my cooking then.**
来週リベンジするんだ。そしたら彼は私の料理を絶対好きになるはず。

## 「リベンジする」のフレーズ

**I will just have to try again next time.**
次回また挑戦するしかないね。

**Don't give up. Try again!**　あきらめないで。もう一度挑戦して！

**Next game I will try harder, and I will win for sure.**
私は次のゲームはもっと頑張って、絶対に勝つよ。

**I will try even harder next time!**
次こそはもっと頑張るからね！

**I will make my comeback next week. He will definitely love my cooking then.**
来週リベンジするんだ。そしたら彼は私の料理を絶対好きになるはず。

THEME

# 泣く

cryだけじゃない
興味深い
「泣く」の英語

みなさんは、crocodile tearsというフレーズを聞いたことがありますか？　直訳すると「ワニの涙」ですが、実際は「ウソ泣き」という意味で使います。なぜcrocodile tearsで「ウソ泣き」なのか調べてみると、ワニは獲物を食べるときに涙が出るからという説がありました。

これ以外にも「泣く」に関する興味深い英語はたくさんあり、ロマンチックな映画や歌詞、小説などによく出てきます。まず、基本的なものを見てみましょう。一番多く耳にする動詞はcryです。

**Why are you crying?　なんで泣いてるの？**
**I cried myself to sleep.　私は泣き疲れて寝てしまった。**

「自分の行動」を伝える

「涙」は英語でtear。ちなみに「涙腺」はtear ductになります。涙腺という日本語はよく使われていると思いますが、英語のtear ductはあまり使われていません。

**I wiped a tear from my eye.** 私は目から涙を拭った。

streamは「小川」という意味ですが、動詞化すると「流れる」という意味になります。

**Tears streamed from her eyes.**
彼女の目からたくさんの涙が流れた。

## ドラマチックな泣き方

僕が思うに、日本人より欧米人のほうがドラマチックな泣き方をします。ドラマチックな泣き方には、sob/wail/bawlという英語がぴったりです。ここだけの話、ドラマチックに泣く日本人は、例の議員しか思い浮かびません。

まず、sobは声を出さず肩を震わせ激しく泣くようなイメージです。

**He sobbed uncontrollably in the corner.**
彼は部屋のすみで泣かずにはいられなかった。

wail は赤ちゃんのように高い声で泣くことです。

**The baby wailed and wailed until it was fed.**

赤ちゃんはご飯を食べさせるまで、ずっとワーワー泣いていた。


bawl は「号泣する」という意味で、子供に使います。

**When the teacher scolds Frank, he always starts to bawl.**

先生がフランクを叱ると、彼は決まって号泣する。

- - - - - - - - - - - - - - - - - - - - - - - - - - - - - - - - - - -

## すすり泣き

- - - - - - - - - - - - - - - - - - - - - - - - - - - - - - - - - - -

「すすり泣き」を表すには softly という副詞を使います。

**She cried softly while watching her favorite movie.**

彼女は一番好きな映画を観ながらしくしく泣いていた。


cry softly と同じようなニュアンスで、weep という動詞も使えます。

**My girlfriend wept when she heard that Orlando Bloom had gotten engaged.**

僕の彼女はオーランド・ブルームが婚約したことを聞いて、しくしく泣いていた。（wept = weep の過去形）

「自分の行動」を伝える

## すぐ泣く人

すぐに泣く人はcry babyと言いますが、「泣き虫」と同じであまりポジティブな言葉ではありません。

**Don't be such a cry baby!**　そんなにすぐ泣かないで!

## ウソ泣き

泣いているフリには、pretend to cry というフレーズを使います。

**She is only pretending to cry.**
彼女はウソ泣きをしてるだけだよ。

**He is not really crying.**　彼は実際は泣いてないよ。

冒頭で述べたcrocodile tears は、特に政治家や会社に対して使います。

**I don't think that the politician's wailing is crocodile tears.**
あの議員の号泣は、ウソ泣きではないだろう。

**Tobacco Companies Shed Crocodile Tears for Child Labor**
タバコ会社、児童就労にウソ泣き (記事の見出し)

これは、タバコ会社が実際にウソ泣きをしているのではなく、表向きでは児童就労を批判しておきながら本当は何も改善していないという会社の不誠実さを比喩しています。

## 泣かないようにする

イギリスでは、泣くのは恥ずかしいことという認識があるため、泣きたくても我慢する人が多くいます。そんな場合、英語では、stop crying/fight back the tearsなどのフレーズを使います。

I can't stop crying. 泣かずにはいられない。

I tried to fight back the tears. 泣くのをこらえようとした。

hide your tears は「涙を隠す」という意味になります。

Stop hiding your tears. It's okay to cry in front of me.
涙を隠さないで。私の前では泣いていいんだよ。

## 動物が鳴く

日本語では、動物が鳴くときは、違う漢字を使いますが、英語ではcry も使います。

「自分の行動」を伝える

**The dog is crying in his kennel again.**
また犬が犬小屋で鳴いてるよ。

「キャンキャン鳴く」を表すには、whineが使えます。

**When I leave the house, my dog always starts to whine.**
僕が出かけるとき、いつもうちの犬は鳴きだす。

　最後に、日本ではno more cryやno more tearsというフレーズが「もう泣かない」というニュアンスで歌詞などに使われていますね。

　文法的には、cryは動詞なのでno more cryingが正しいですが、no more cryは詩的な感じがするので悪くはないでしょう。

## 「泣く」のフレーズ

**Why are you crying?** なんで泣いてるの?

**I cried myself to sleep.** 私は泣き疲れて寝てしまった。

**I wiped a tear from my eye.** 私は目から涙を拭った。

**Tears streamed from her eyes.**
彼女の目からたくさんの涙が流れた。

**He sobbed uncontrollably in the corner.**
彼は部屋のすみで泣かずにはいられなかった。

**The baby wailed and wailed until it was fed.**
赤ちゃんはご飯を食べさせるまで、ずっとワーワー泣いていた。

**When the teacher scolds Frank, he always starts to bawl.**
先生がフランクを叱ると、彼は決まって号泣する。

**She cried softly while watching her favorite movie.**
彼女は一番好きな映画を観ながらしくしく泣いていた。

**My girlfriend wept when she heard that Orlando Bloom had gotten engaged.**
僕の彼女はオーランド・ブルームが婚約したことを聞いて、しくしく泣いていた。

**Even though I am sure no one else is in my room, I can hear someone weeping there every night.**
僕以外誰もいないはずの部屋で、毎晩すすり泣きが聞こえる。

**Don't be such a cry baby!** そんなにすぐ泣かないで!

**She is only pretending to cry.**
彼女はウソ泣きをしてるだけだよ。

**He is not really crying.** 彼は実際は泣いてないよ。

**I don't think that the politician's wailing is crocodile tears.**
あの議員の号泣は、ウソ泣きではないだろう。

**Tobacco Companies Shed Crocodile Tears for Child Labor**
タバコ会社、児童就労にウソ泣き(記事の見出し)

**I can't stop crying.** 泣かずにはいられない。

**I tried to fight back the tears.** 泣くのをこらえようとした。

**Stop hiding your tears. It's okay to cry in front of me.**
涙を隠さないで。私の前では泣いていいんだよ。

**The reason I didn't open my umbrella was to hide my tears.**
僕が傘をささなかったのは、涙を隠すためだった。

**The dog is crying in his kennel again.**
また犬が犬小屋で鳴いてるよ。

**When I leave the house, my dog always starts to whine.**
僕が出かけるとき、いつもうちの犬は鳴きだす。

THEME

# 理解する

understandでは
物足りない！
わかったときの
英語5つ

「理解する」と英語で言いたいとき、通常understandを使いますが、これ以外にもネイティブが日常会話でよく使う面白い英語表現がたくさんあります。

## 「わかる」は糸に関係する

　僕はcotton on toというフレーズが好きです。「〜を理解しはじめる」という意味になります。

　cottonと聞くと、コットンを想像するかもしれませんが、これはコットンの糸が服につきやすいことから来ています。コットンの糸のように誰かのアイデアにぴったりくっつく、つまり、何かを把握するということです。肯定文では、

soonやquicklyと一緒によく使われています。

**He quickly cottoned on to what we were saying.**

彼は私たちが言っていることをすぐに理解した。

　ちなみにアメリカでcotton toは「好きになる」という意味もあります。


　なぜかはわかりませんが、ネイティブは「わかる」を考えるときに、糸（thread）をよく思い浮かべます。lose the threadは「わからなくなる」という意味で、考えの糸口を失うことを表現します。

**I'm afraid I've lost the thread of the conversation. Can you say that last bit again?**

会話の内容がわからなくなったみたい。最後の部分をくり返してもらえる？

## なかなか理解できないとき

　get one's head aroundは、自分の精神で何かを包み込むというイメージから来ていて、なかなか理解できないときに否定形で使うフレーズです。

**I just can't seem to get my head around English grammar rules.**
英文法のルールはなかなか理解できない。

## カジュアルな「わかる」

latchは掛け金という意味で、latch on toは掛け金のように何かをしっかり捕まえるというイメージです。カジュアルな表現で、意味を理解したときに使います。

**My friend is very smart, so she soon latched on to what they were saying.**
私の友達はとても頭がいいので、彼らが言っていることをすぐに理解した。

## 本質がわかる

get to the bottom ofは、中を探っていたら底を見つけて、本質がわかるというイメージです。何かを深く理解して原因や真相がわかったときにぴったりです。

**We're going to get to the bottom of this problem.**
私たちはこの問題の真相を解明するよ。

## 「理解する」のフレーズ

**He quickly cotton on to what we were saying.**
彼は私たちが言っていることをすぐに理解した。

**She didn't cotton on to the fact that I don't like her.**
彼女は僕が彼女を好きじゃないことがよくわからなかった。

**I'm afraid I've lost the thread of the conversation. Can you say that last bit again?**
会話の内容がわからなくなったみたい。最後の部分をくり返してもらえる?

**I just can't seem to get my head around English grammar rules.**
英文法のルールはなかなか理解できない。

**I really tried to understand how American football works, but I just couldn't quite get my head around it.**
アメフトのルールを理解しようとしたけど、なかなか理解できなかった。

**My friend is very smart, so she soon latched on to what they were saying.**
私の友達はとても頭がいいので、彼らが言っていることをすぐに理解した。

**It took me ages to latch on to their plans.**
彼らの計画を理解するのには、とても長い時間がかかった。

**We're going to get to the bottom of this problem.**
私たちはこの問題の真相を解明するよ。

THEME

# ど忘れ

知っているはず
なのに出てこない！
を救う
4つのフレーズ

　僕はよくど忘れをしてしまいます。シーズン3まで観ているドラマの主人公の名前が思い出せない、今目の前でしゃべっている友達の名前がわからなくなるなど、将来が心配になるほど頻繁に忘れます。

　物事を忘れた場合、英語では動詞のforgetとleaveを使います。僕はよく自分の財布を家に忘れるので、"I forgot my wallet."（財布を忘れた。）と言うことができます。

　「ある場所に自分のものを忘れてきた」と言いたい場合は、leaveを使って"I left my wallet at my house."（家に財布を忘れた。）と表現できますね。

「自分の行動」を伝える

しかし、「ど忘れ」のように、よく知っているはずのことを思い出せない、忘れてしまったというときは、なんと言うのがいいでしょうか。

誰かの名前をど忘れしてしまったときには、slip my mindというフレーズがいいでしょう。slipには「こっそりなくなる」という意味があるので、slip my mindで「頭からふっとなくなる」という表現になります。

**Crap! His name has slipped my mind!**

ヤバい！ 彼の名前ど忘れしちゃった！

## 完全に忘れる

ネイティブは、ど忘れをしたときによくcompletely forgotを使います。completely（完全に）を組み合わせることで、「ど忘れした」という意味になります。

**I completely forgot that the deadline is tomorrow!**

明日が納期なの完全にど忘れしてた！

**I've completely forgotten what I was going to say.**

何を言おうとしたのかど忘れして思い出せないよ。

## 脳みそがオナラをする？

面白い英語で表現したいなら、have a brain fartというフレーズがあります。文字通りに訳すと、「脳みそがオナラをする」になります。

これは少し下品なフレーズなので、使う相手は選んだほうがいいでしょう。思い出そうとしても思い出せないときに使います。

**Oops. I've just had a brain fart. I've completely forgotten what your name is.**

**あっ。今ど忘れしちゃった。あなたの名前をすっかり忘れた。**

## 頭が真っ白になる

1つのことではなく、突然たくさんのことをど忘れしちゃったときには、mind has gone blankというフレーズがいいでしょう。

a blank pageは「白紙のページ」で、a blank canvasは「白紙のキャンバス」という意味になるので、自分の頭の中が白紙のように真っ白になった場合、このフレーズがぴったりです。

「自分の行動」を伝える

**I'm sorry. My mind has gone blank.**
ごめんなさい。まったく何も思い出せない。

　みなさんもこれらのフレーズさえ覚えれば、自分が何か
をど忘れしても、相手に事情を伝えられるので安心ですね。
僕は残念ながら、そのような状況になったら「ど忘れ」と
いう日本語さえもど忘れしそうです。

## 「ど忘れ」のフレーズ

**Crap! His name has slipped my mind!**

ヤバい！ 彼の名前ど忘れしちゃった！

**I completely forgot that the deadline is tomorrow!**

明日が納期なの完全にど忘れしてた！

**I've completely forgotten what I was going to say.**

何を言おうとしたのかど忘れして思い出せないよ。

**Oops. I've just had a brain fart. I've completely forgotten what your name is.**

あっ。今ど忘れしちゃった。あなたの名前をすっかり忘れた。

**I'm sorry. My mind has gone blank.**

ごめんなさい。まったく何も思い出せない。

THEME

# あなたが好き

「首ったけ」
「ほれる」など
好意を伝える
7つの英語

　友達から「『メリーに首ったけ』を観ない？」と誘われたとき、僕は「首ったけ」の意味がよくわからなかったため、きっとグロいホラー映画だろうと思って「うん、ぜひ」と答えました。しかし、始まって10分したら、ロマンス映画だと気づいて驚きました。
「首ったけ」を辞書で引いてみると、意味は「相手に夢中な様子」です。通常、英語では "I love her." や "I like him." などの簡単な言葉が使われますが、特別に誰かを好きになったら、より表現力のあるフレーズを使ったほうがいいでしょう。

誰かをとても好きになったら、自分が落ちているように感じることから、fall in love という表現があります。

I think I'm falling in love with you.　あなたにほれている。

　真っ逆さまに落ちるとき、英語ではfall head over heels と言いますが、どうしようもなく誰かを好きになったら、fall head over heels in love と言います。

I fell head over heels in love with my first boyfriend.
私は初めての彼氏にとても恋しちゃった。

## 恋で頭がおかしくなる

　恋で頭がおかしくなったような場合もあります。そのときは、crazy about や mad about というフレーズがいいです。

I am crazy about her.　彼女に首ったけ。

I met this girl at work the other day, and now I'm mad about her.
先日、職場でこの女性と会って、今彼女に首ったけ。

　mad の副詞にすると madly in love とも言えます。

「自分の行動」を伝える

**When I was in middle school, I fell madly in love with my teacher.**
中学校の頃、先生を大好きになった。

　crushは「潰す」という意味で、crush a canは「缶を潰す」という意味になりますが、have a crush onというフレーズは、誰かのことを好きになったときに使います。まだ恋人ではない相手やあまり声をかけていない相手についてよく使います。
**I know we haven't talked much, but I have a crush on you.**
あなたとあまりしゃべっていないけど、あなたにベタぼれしています。

　誰かが自分にとって重要な場合、mean（意味する）という動詞が使えます。
**You mean so much to me.**
私にとって、あなたはとても大きな意味がある。

## 「あなたが好き」のフレーズ

I think I'm **falling in love** with you.
あなたに**ほれている**。

I **fell head over heels in love** with my first boyfriend.
私は初めての彼氏に**とても恋しちゃった**。

I am **crazy about** her.　彼女に**首ったけ**。

I met this girl at work the other day, and now I'm **mad about** her.
先日、職場でこの女性と会って、今彼女に**首ったけ**。

When I was in middle school, I fell **madly in love** with my teacher.
中学校の頃、先生を**大好き**になった。

I know we haven't talked much, but I **have a crush on** you.
あなたとあまりしゃべっていないけど、あなたに**ベタぼれ**しています。

You **mean** so much to me.
私にとって、あなたはとても大きな**意味がある**。

THEME

# ハマる

すぐ何かに
ハマる人必見!
趣味を伝える
5つの英語

　僕はすぐ何かに夢中になりますが、すぐに飽きてしまいます。この間は、大学時代の友達に影響されて株の投資にハマり、その前は山登りにハマり月2回ほど関東の山まで行き、その前は鉱物の収集が好きでした。

　いいことに、英語では「ハマる」を表すフレーズがたくさんあります。

　たぶんbe intoは「ハマる」を表現するもっとも簡単な言い方です。たとえば投資にハマっている場合、以下のフレーズが使えます。

**I am into investing.**　私は投資に熱中している。

　intoは通常、何かの中に入るときに使いますが、この場

合、自分があることにとても興味を持っていて熱中しているという意味になりますね。

　通常、love は大好きな人に使いますが、大好きな趣味についても言えます。たとえば、僕は料理するのがあまり好きではないですが、ハマったらいいなと思っています。

**I wish I loved to cook.**　料理にハマったらいいな。

　食べ物にハマっている場合、can't get enough of がいいです。たとえば、僕はチョコレートが大好きなchocoholicですので、以下の英語をよく使います。

**I can't get enough of chocolate.**
私はチョコレートをどんなに食べてももっと食べたい。

　日本では、オタク男子をコミカルに描いたアメリカのドラマ "The Big Bang Theory" がとても人気なので、こう言える日本人がたくさんいるでしょう。

**I can't get enough of The Big Bang Theory.**
「ビッグバン★セオリー」はどんなに観ても飽きない。

　他にも、何かがないと生きていけない場合は、can't live

「自分の行動」を伝える

without という英語がいいです。たとえば、紅茶がないと生きていけないイギリス人は多いです。

**I can't live without tea.**　紅茶がないと生きていけない。

　hook はフックという意味ですが、be hooked on は「フックで何かに接続されている」になります。何かにハマったら、それに be hooked on と言えます。

**I am hooked on ice cream.**
**アイスクリームにハマっている。**

## 「ハマる」のフレーズ

**I am into** investing.　私は投資に**熱中している**。

**I wish I loved** to cook.　料理に**ハマったらいいな**。

**I can't get enough of** chocolate.
私はチョコレートを**どんなに食べてももっと食べたい**。

**I can't get enough of** The Big Bang Theory.
「ビッグバン★セオリー」は**どんなに観ても飽きない**。

**I can't live without** tea.　紅茶が**ないと生きていけない**。

**I am hooked on** ice cream.
アイスクリームに**ハマっている**。

THEME

# ディスる

全米で
使われている
ヒップホップ
の英語

　インターネットで「ディスる」という言葉を見たことはありますか？　これは日本のインターネットスラングですが、スラングのdiss（人をこき下ろす）に由来しているようです。「けなす」という意味です。

**I got dissed so bad I turned red.**
**めちゃ侮辱されて、赤くなった。**

　つまり、相手があなたを侮辱するとき、もしくは尊敬していないときにdissは適切です。

　ヒップホップの英語で使われているイメージがありますが、アメリカ全体で使われています。僕の高校では、友達がたまにこのようなことを言っていました。

If you diss me, I'll kick your ass!

俺を侮辱すると、お前をぶっ殺すぞ！

Takashi often disses AKB48.

孝志はよくAKB48をディスる。

I don't want to diss you, but you suck at b-ball.

失礼なことを言いたくないけど、あなたはバスケットが超下手だ。

Stop dissing the new iPhone. It's awesome!

新しいiPhoneを侮辱しないで。めちゃいいものだ！


「ディスる」を使えるなら、dissという英単語も簡単に使えるでしょう。

## 「ディスる」のフレーズ

**I got dissed so bad I turned red.**

めちゃ侮辱されて、赤くなった。

**If you diss me, I'll kick your ass!**

俺を侮辱すると、お前をぶっ殺すぞ!

**Takashi often disses AKB48.**

孝志はよくAKB48をディスる。

**I don't want to diss you, but you suck at b-ball.**

失礼なことを言いたくないけど、あなたはバスケットが超下手だ。

**Stop dissing the new iPhone. It's awesome!**

新しいiPhoneを侮辱しないで。めちゃいいものだ!

THEME

# ドタキャンする

つい愚痴を
言いたくなったら
役立つ英語5つ

　僕は数年前まで「ドタキャン」という日本語を「デトキャン」だと思っていました。つまり、「デートがキャンセルになる」という意味だと思っていたのです。

　別に僕がデートをしょっちゅうドタキャンされていたわけではありませんよ。「土壇場になってキャンセル」という意味だと知ってからは、デートじゃなくてもドタキャンという言葉を使えるようになりました。

　ドタキャンを英語にするなら、cancel on meというフレーズを使うといいでしょう。これはcancelに似ていますが、「キャンセルした人が悪い」というニュアンスが含まれています。

「自分の行動」を伝える

**My girlfriend canceled on me again.**
彼女にまたキャンセルされた。

　しかし、cancel on me は、必ずしも「直前になってキャンセルする」という意味にはなりません。そのようなニュアンスを伝えたいなら、at the last minute をつけます。

**My boyfriend canceled on me again at the last minute.**
彼氏がまたドタキャンされた。

　ドタキャンを一般的なスラングで表すなら、flake on me と flake out on me という表現があります。以前アメリカの「Yahoo! 知恵袋」で以下のような質問を見たことがあります。

**Why do my friends always flake on me?**
私の友達はなんでいつもドタキャンするんですか？

**Is it really true that t.A.T.u. flaked out on a live TV performance in Japan?**
タトゥーが日本で生放送の音楽番組をドタキャンしたってマジ？

　ちなみに、よくドタキャンをする人のことを英語では flake とよく呼びます。

**Jerry is such a flake.** There's no point in inviting him cos he won't show up anyway.

ジェリーは当てになんない。あいつ誘ったって意味ないよ、どうせ来ないし。（cos = because のスラング）

## 「ドタキャンする」のフレーズ

**My girlfriend canceled on me again.**
彼女にまたキャンセルされた。

**My boyfriend canceled on me again at the last minute.**
彼氏にまたドタキャンされた。

**Why do my friends always flake on me?**
私の友達はなんでいつもドタキャンするんですか？

**Is it really true that t.A.T.u. flaked out on a live TV performance in Japan?**
タトゥーが日本で生放送の音楽番組をドタキャンしたってマジ？

**If you're gonna flake out on me, don't say that you wanna hang out with me!**
ドタキャンすんなら、最初から「遊ぼう」とか言わないでよね！

**Jerry is such a flake. There's no point in inviting him cos he won't show up anyway.**
ジェリーは当てになんない。あいつ誘ったって意味ないよ、どうせ来ないし。

COLUMN

# ビールを英語で注文する

　ドイツでは、ビールを売るときには liter（リッター）で測りますが、英語圏の国では、pint（パイント）を多く使い、グラスも glass ではなく pint と呼んでいます。

　注文するときには、Can I have a glass of beer? でも伝わりますが、Can I have a pint of beer? のほうが自然な英語です。

　バーやパブでは、通常いくつかのビールから選ぶことができるので、商品名や種類の名前でよく注文します。

**Can I have a pint of Guinness?**　（ギネスを1杯もらっていい?）
**Can I have a pint of bitter?**　（ビターを1杯もらっていい?）

　これらの聞き方もよく耳にします。

**A pint of Guinness please.**　（ギネスを1杯ください。）
**A pint of bitter please.**　（ビターを1杯ください。）

　もしバーやパブでどんな種類の生ビールがあるかわからない場合は、以下のようなフレーズが使えます。

## What do you have on tap today?

（今日はどんな生がありますか？）

　on tapは瓶ビールではなく、樽から出る生ビールのことです。

## 友達をバーに誘う

　最後に、友達をバーに誘いたい場合は、何と言えばいいでしょうか。イギリスでは、パブに行くとき、go downというフレーズをよく使います。

## Fancy going down to the pub for a pint?

（パブで1杯飲みに行かない？）

　しかし、アメリカではこのフレーズをあまり聞きません。アメリカならこちらです。

## Want to go to the bar?　（バーに行かない？）

　ミュンヘンに行ったときは、ビールのグラスの大きさに驚きました。おそらくイギリスの2倍はあるでしょう。

　もしドイツに住んでいたら、たぶん友人たちを招待するのにhalf a pintで十分です。「1杯飲まない？」ではなく「1杯の半分を飲まない？」という誘い方を使ってしまうかもしれません。

COLUMN

# 運動に関する英語

　僕は以前、懸垂バーを買いました。熱心に懸垂をしていたのは2週間程で、今は洗濯物の部屋干しに役立っています。

　そのときは部屋での運動がマイブームだったらしく、腹筋ローラーやトランポリン、メディシンボールなども買いました。残念ながら長続きはしませんでしたが、普段あまり使わない、運動に関する日本語をいくつか覚えることができました。

　ここでは、運動に関する英語を紹介したいと思います。


　in shape というフレーズをよく耳にします。これで「体を鍛えて」という意味になります。

**Are you in shape?** （あなたは体を鍛えていますか?）

　get in shape で「体を鍛える」になります。

**I really need to get in shape.** （マジで体を鍛えなきゃ。）

## ストレッチやウォーミングアップの英語

運動をする前には、ストレッチやウォーミングアップが必要ですね。do some stretches は「ストレッチをする」です。

**I want to do some stretches before I go for a run.**

（走る前に**ストレッチをしたい**。）

つま先に触れるストレッチがよくあります。touch your toes で「つま先に触れてストレッチをする」になります。

**Touch your toes before running.**

（走る前に、**つま先に触りましょう**。）

「ウォーミングアップ」は英語で warm-up exercise と言います。

**Let's do some warm-up exercises.**

（**ウォーミングアップ**をしましょう。）

"Let's do warming up." は、日本でよく耳にする間違いです。

## 激しい運動に関する英語

運動の話題では、workout という言葉がよく使われています。激しい運動やトレーニングは、workout と言えます。

**Did you get a good workout?**

（いい運動ができましたか？）

**What's your favorite way to work out?**

（あなたが一番好きな運動方法は何ですか？）

**I like to work out in the morning.**

（朝に運動するのが好きです。）

　　workout は名詞で、work out は動詞です。


　　ほかにも、いろんな運動を英語にしてみましょう。

**I hate having to do pull-ups.** （懸垂は大嫌いだ。）

**How many sit-ups can you do?** （何回腹筋できる？）

**How much can you bench/bench-press?**

（どれぐらいの重さをベンチプレスできる？）

　　bench はスラングで、bench-press が通常の英語です。

**I can do push-ups with one arm.**

（僕は片手で腕立て伏せができる。）

　　アメリカでは push-up と言い、イギリスでは press-up と言います。

第 2 章

「自分の状態」
を伝える

THEME

# 時差ボケ

旅先で会話の
きっかけになる
便利なフレーズ8

　みなさんは、海外旅行で時差ボケになったことはありますか？　僕はアメリカに帰省するたびに悩まされています。「時差ボケ」という日本語は面白いので好きです。英語ではjet（ジェット機）とlag（ズレ）でjet lagと言います。ジェット機に数時間乗って遠くへ行くと、体内時計と現地時間にズレが生じることからjet lagと呼ばれるようになりました。

**I'm having trouble sleeping because of jet lag.**
**時差ボケのせいでちゃんと寝られない。**

　jet lagの使い方には、主に3つのパターンがあります。
・「have + jet lag」

「自分の状態」を伝える

**I have terrible jet lag!** 時差ボケがひどい!

・「be動詞 + jet-lagged」

**I am really jet-lagged.** 完全に時差ボケだよ。

・「get + jet-lagged」

**My friend doesn't get jet-lagged even when he goes to Japan.**

友人は日本に行っても時差ボケにならない。

## 時差ボケが治る

「時差ボケが治る」はrecover from jet lagで、「時差ボケを解消した」はget rid of jet lagになります。日本人はrecoverを使う際に、前置詞のfromを忘れてしまいがちなので注意しましょう。

**It takes me ages to recover from jet lag.**

時差ボケが治るには、かなりの時間がかかる。

「長い時間がかかる」を意味するit takes me agesは、イギリス英語でよく使われています。

**A : Did you get rid of your jet lag?** 時差ボケは解消された?

**B : No, I'm still jet-lagged today.**

うぅん、まだ今日も時差ボケだよ。

時差ボケでぼーっとしているときには？

**I'm sorry. I'm completely out of it because of jet lag.**

ごめん。時差ボケで頭がぼーっとしてるの。（out of it ＝ ぼーっとする）

　これらの使い方さえ覚えれば、海外に行ったときはもちろん、日本に来た外国人との会話のきっかけにもなるでしょう。

　ちなみに「時差」は英語で time difference と言います。

**When it's daytime in LA, its nighttime in Tokyo, so it takes a long time to get used to the time difference.**

ロスが昼のとき東京は夜だから、時差に慣れるには長い時間がかかるね。

　たとえば、シカゴと札幌との時差はどれぐらいあるかを知りたい場合、以下の質問ができます。

**A：What's the time difference between Chicago and Sapporo?**

シカゴと札幌との時差はどれくらいあるの？

**B：There's a fourteen-hour time difference.**

時差は14時間だよ。

### 「時差ボケ」のフレーズ

I'm having trouble sleeping because of jet lag.
時差ボケのせいでちゃんと寝られない。

I have terrible jet lag!　時差ボケがひどい!

I am really jet-lagged.　完全に時差ボケだよ。

My friend doesn't get jet-lagged even when he goes to Japan.
友人は日本に行っても時差ボケにならない。

It takes me ages to recover from jet lag.
時差ボケが治るには、かなりの時間がかかる。

A : Did you get rid of your jet lag?　時差ボケは解消された?
B : No, I'm still jet-lagged today.
　　ううん、まだ今日も時差ボケだよ。

I'm sorry. I'm completely out of it because of jet lag.
ごめん。時差ボケで頭がぼーっとしてるの。

When it's daytime in LA, its nighttime in Tokyo, so it takes a long time to get used to the time difference.
ロスが昼のとき東京は夜だから、時差に慣れるには長い時間がかかるね。

A : What's the time difference between Chicago and Sapporo?
　　シカゴと札幌との時差はどれくらいあるの?
B : There's a fourteen-hour time difference.　時差は14時間だよ。

THEME

# 花粉症

ムズムズする
前に覚えたい
アレルギーに
関する英語5つ

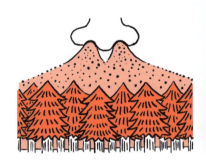

　僕は去年とうとう花粉症になりました。なんでこんなに風邪が長引くんだろうと思い医者に行ったら「花粉症」と言われたので、とても驚きました。

　僕のように都会に住み始めてから花粉症になった人は少なくないようですね。恐ろしい花粉の季節が来る前に、花粉症に関する英語のフレーズと単語について説明したいと思います。

　まず、「花粉症」を辞書で引くとpollinosisという単語が載っていますが、これは専門用語なので、日常会話ではなく医学論文などで使われています。

「花粉症」を意味する言葉の中では、hay fever がもっとも多く使われているかもしれません。hay は「干し草」という意味で、hay fever は「草の花粉アレルギー」という意味になりますが、草の花粉症だけではなく木の花粉症についても使われています。

A：What's wrong? Did you catch a cold?

どうしたの？　風邪ひいた？

B：Nope. I just have really bad hay fever.

ううん。ただの最悪な花粉症。

I thought that I had a fever, but actually it was hay fever.

熱っぽいと思ったら、実は花粉症だった。


　　pollen allergy を使うネイティブも多くいます。

I have a pollen allergy, so it's really hard living in Japan.

僕は花粉症なので、日本に住むのはとても大変だ。


「アレルギーになった」という変化を伝えたい場合は、develop an allergy to というフレーズを使います。

I've developed an allergy to ragweed.

ぶたくさアレルギーになった。

自分が何のアレルギーを持っているのかを言いたい場合は、主に2つのパターンが使われています。

・「have + an allergy to」

I have an allergy to Japanese cypress pollen.

私はひのきの花粉症です。

・「be動詞 + allergic to」

I am allergic to cedar pollen.　私は杉の花粉症です。


　さきほどの例から見てわかるように、花粉はpollenといいます。

Achoo! Isn't the pollen awful today? I haven't stopped sneezing since this morning!

ハックション！　今日花粉ヤバくない？　朝からくしゃみが止まんないんだけど！

Don't hang the washing out on the balcony because pollen will stick to the clothes!

服に花粉がつくからベランダに洗濯物を干さないで！

## 「花粉症」のフレーズ

A : What's wrong? Did you catch a cold?
どうしたの？ 風邪ひいた？

B : Nope. I just have really bad hay fever.
ううん。ただの最悪な花粉症。

---

I thought that I had a fever, but actually it was hay fever.
熱っぽいと思ったら、実は花粉症だった。

---

I have a pollen allergy, so it's really hard living in Japan.
僕は花粉症なので、日本に住むのはとても大変だ。

---

I've developed an allergy to ragweed.
ぶたくさアレルギーになった。

---

I have an allergy to Japanese cypress pollen.
私はひのきの花粉症です。

---

I am allergic to cedar pollen.  私は杉の花粉症です。

---

Achoo! Isn't the pollen awful today? I haven't stopped sneezing since this morning!
ハックション！ 今日花粉ヤバくない？ 朝からくしゃみが止まんないんだけど！

---

Don't hang the washing out on the balcony because pollen will stick to the clothes!
服に花粉がつくからベランダに洗濯物を干さないで！

THEME

# 大丈夫

いろんな
シーンに合った
OKの使い方

　大丈夫を英語で表現したい場合、一番多く使われている単語はOKです。OKは世界でもっとも多く使われている単語と言われていて、英語だけでなく、ドイツ語、フランス語、ロシア語でも使われています。

　不思議なことに、OKの由来には諸説あり不明です。大文字でよく書かれますが、単語のokayでも使えます。

　落ち込んでいる人、具合が悪そうな人、ケガをした人などに「大丈夫ですか？」と聞きたいとき、英語ではなんと言うのでしょうか？

　まずは定番のフレーズを見てみましょう。

**Are you OK/all right?**　大丈夫？

「自分の状態」を伝える

**Is something wrong?**　大丈夫(何か悪いことでもあった)？

**Is everthing OK/all right?**　大丈夫？

**What's up?**　大丈夫(どうしたの)？

**What's wrong?**　大丈夫(何か悪いことでもあった)？

**What's the matter?**　大丈夫(何か問題でもあった)？

　誰かが悩んでいる様子なら、"What's wrong?" と聞くといいでしょう。たとえば、友達が大きくため息をついていたら、こう声をかけます。

**Oh dear. What's wrong?**　あらあら。大丈夫？

　こんなときは"What's the matter?"とも言えます。

**What's the matter? Are you upset?**

大丈夫？　悩んでるの？

　"OMG!"と叫んでいたり、慌てたりしている人がいたら、"Is everything OK?" という質問がいいです。同情する意味を込めて、oh my Godをつけるのもいいでしょう。

**Oh my God. Is everything OK? Can I help you?**

うわー。大丈夫？　手伝おうか？

　急いでいる人には、以下のような質問ができます。

**Is everything OK? Why are you in such a hurry?**
大丈夫？　何をそんなに急いでいるの？

　顔色が悪かったり、体調が悪そうな人には、"Are you OK?"や"Is everything OK?"がいいでしょう。

**Are you OK? You don't look so well.**
大丈夫ですか？　あまり元気じゃなさそうです。

## 「大丈夫だよ」と答える

　「大丈夫ですか？」と聞かれて、「大丈夫だよ」と答えたいときは、なんと言えばいいのでしょうか？

　2つのパターンをよく耳にします。まずは、「I'm + 形容詞句.」のパターンを見てみましょう。

**I'm fine/good/OK/all right.**　大丈夫だよ。

　少し滑稽な英語を使ってみたい方には、以下の表現があります。日本語の「OK牧場」に近いかもしれません。

**I'm A-OK.**　大丈夫だよ。

**I'm fine and dandy.**　大丈夫だよ。

　僕のおじいさんがこの表現をよく使っていました。A-OKはもともとNASAが使っていた言葉で、昔流行っていたよ

うです。現在はあまり耳にしないので、これらは英語のお
やじギャグと考えてもよいです。

## 状況確認の「大丈夫」

　相手が大丈夫かどうかではなく、状況が大丈夫かどうか、
問題がないかどうかを確認するためには、以下の質問がよ
いと思います。

**Is everything fine/good/OK/all right?**
**大丈夫（うまくいってる）？**

　これらの質問に答えるには、多くの場合、「Everything
is + 形容詞句.」と言います。ネイティブは、everythingと
isを省略して、everything'sと発音します。

**Everything is fine/good/OK/all right.** 　大丈夫だよ。
**Everything is going well.** 　大丈夫だよ。

　少し滑稽な答えを使ってみたい方には、以下の英語はど
うでしょう。

**Everything is A-OK.** 　大丈夫だよ。
**Everything is hunky-dory.** 　大丈夫だよ。

## いろんな OK の使い方

"It's + OK." というパターンもよく耳にします。たとえば食べ物から変な臭いがするときには、こう言えます。

A：Is the food OK?　その食べ物は大丈夫？

B：Yeah. It's OK.　うん。大丈夫だよ。

予定より遅くなりそうなときには、次のように言えます。

A：Is it OK if I'm late?　遅くなっても大丈夫？

B：Yeah. It's OK.　うん。大丈夫だよ。

この場合、"Yeah. No problem." と答えてもいいです。

OK は誰かを信頼できるか確認するときにも使えます。

Is he OK? Can we trust him?　彼は大丈夫？　信頼できる？

相手の提案を断るときにも OK をよく使います。

A：Do you need any help?　何か手伝いますか？

B：Nope. I'm OK.　いや。大丈夫です。


A：Would you like a receipt?　レシートはいりますか？

B：No. I'm OK.　いえ。大丈夫です。

これらは "I'm fine." に替えても大丈夫です。

## 「大丈夫」のフレーズ

**Are you OK/all right?** 大丈夫?

**Is something wrong?** 大丈夫(何か悪いことでもあった)?

**Is everything OK/all right?** 大丈夫?

**What's up?** 大丈夫(どうしたの)?

**What's wrong?** 大丈夫(何か悪いことでもあった)?

**What's the matter?** 大丈夫(何か問題でもあった)?

**Oh dear. What's wrong?** あらあら。大丈夫?

**What's the matter? Are you upset?**
大丈夫? 悩んでるの?

**Oh my God. Is everything OK? Can I help you?**
うわー。大丈夫? 手伝おうか?

**Is everything OK? Why are you in such a hurry?**
大丈夫? 何をそんなに急いでいるの?

**Are you OK? You don't look so well.**
大丈夫ですか? あまり元気じゃなさそうです。

**I'm fine/good/OK/all right.** 大丈夫だよ。

**I'm A-OK.** (同上)

**I'm fine and dandy.** (同上)

**Is everything fine/good/OK/all right?**
大丈夫（うまくいってる）？

**Everything is fine/good/OK/all right.** 大丈夫だよ。

**Everything is going well.** （同上）

**Everything is A-OK.** （同上）

**Everything is hunky-dory.** （同上）

A：**Is** the food **OK?** その食べ物は**大丈夫**？
B：Yeah. **It's OK.** うん、**大丈夫だよ。**

A：**Is it OK if** I'm late? 遅くなっても**大丈夫**？
B：Yeah. **It's OK.** うん。**大丈夫だよ。**

**Is** he **OK?** Can we trust him? 彼は**大丈夫**？ 信頼できる？

A：Do you need any help? 何か手伝いますか？
B：Nope. **I'm OK.** いや。**大丈夫です。**

A：Would you like a receipt? レシートはいりますか？
B：No. **I'm OK.** いえ。**大丈夫です。**

THEME

# 忙しい

ネイティブは
occupiedよりも
busyを使う

　和英辞書で「忙しい」を引くとbusyとoccupiedの2つの単語が出てきます。みなさんは中学校などでbusyと教わるはずですが、なぜか僕はoccupiedを使っている日本人によく出くわします。もしかしたら、busyよりoccupiedのほうが丁寧な英語だと思い込んでいる人が多いのかな？と思いました。

　確かにoccupiedはbusyよりフォーマルですが、ネイティブは丁寧さを基準に使い分けているわけではありません。

**Have you been occupied recently?** 最近、忙しい？
**Have you been busy recently?** 最近、忙しい？

　どちらも間違ってはいませんが、ネイティブなら、"Are

you occupied?" より "Are you busy?" を使うでしょう。ネイティブが忙しくて occupied を使うときは、「be 動詞 + occupied + with + 理由」という形で、必ず理由を説明します。

**Recently, I have been occupied with work.**

**最近、私は仕事で忙しかった。**

occupied を busy に替えても自然な英語です。

別の例を見てみましょう。

**Try to find something to keep yourself occupied.**

**あなたは何か夢中になれるものを見つけたほうがいいね。**

**I am busy with work at the moment.**

**今のところ、私は仕事が忙しいです。**

occupied には、"The toilet's occupied."（そのトイレ使用中だよ。）という使い方もありますね。

## 沼地にハマったように忙しい

swamp は、通常「沼地」という意味ですが、動詞として使うこともできます。たとえば、大雨で水没した地域は swamped と表現され、"The fields were swamped with rain."（畑が雨で水没した。）と言ったりします。

「自分の状態」を伝える

　水没した畑は本当の沼地に似ていますが、仕事がたくさんあるときにも swamped が使えます。自分が書類などで水没しているイメージですね。

**I can't go out tonight. I'm swamped with work!**
**今夜出かけられないよ。仕事でてんてこ舞い!**

## 縛り上げられるほど忙しい

　通常、tie up は「縛り上げる」という意味です。たとえば「侍が敵を縛り上げた」を英語で表すには "The samurai tied up his enemy." と言います。

　いろいろな予定があって他のことができないときにも tie up が使えます。この場合、受け身形を使い「be動詞 + tied up with + 理由」というパターンをよく耳にします。

**I am tied up with household chores right now.**
**今、私は家事で忙しいよ。**

## 「忙しい」のフレーズ

**Have you been busy recently?** 最近、忙しい？

---

**Are you busy/occupied?** 忙しい？

---

**Recently, I have been occupied with work.**
最近、私は仕事で忙しかった。

---

**I've been occupied with my artwork for the last month or so.**
ここ1ヶ月ぐらいは絵を描くことで忙しかった。

---

**Try to find something to keep yourself occupied.**
あなたは何か夢中になれるものを見つけたほうがいいね。

---

**I am busy with work at the moment.**
今のところ、私は仕事が忙しいです。

---

**I can't go out tonight. I'm swamped with work!**
今夜出かけられないよ。仕事でてんてこ舞い！

---

**I am tied up with household chores right now.**
今、私は家事で忙しいよ。

第 3 章

# モノを評価する

THEME

# 薄い

味、色、内容、
髪の毛まで
を表現する

　僕は日本語を話すときに、「細い」と「薄い」をよく混同してしまいます。なぜなら、両方とも thin という英語を使うからです。たとえば、細い鉛筆は thin pencil と言い、薄い紙は thin piece of paper と言います。

**I have thin arms and even thinner legs.**
**私は腕が細くて、脚はもっと細いです。**(thinner = thin の比較級)

　そのため、日本語に不慣れな英語圏の人は、thin を日本語にする前に、それがどんな形なのか、薄いのか細いのかを考えないといけないので難しいと思います。
　しかし、「薄い」という言葉は、形だけでなく、味や色

などについても使いますね。そのような場合、thin という英語は使いません。

## 薄い飲み物

コーヒー、紅茶、アルコールの話では、weak を使います。

**I like to drink weak coffee at night.**

私は夜に薄いコーヒーを飲むのが好きだ。

**Americans like their tea weak.**

アメリカ人は薄い紅茶を好む。

**I hate that bar because it only serves weak cocktails.**

あのバーは薄いカクテルしか出さないので、大嫌いだ。

**Once the ice melted, the whiskey was weaker.**

氷が溶けて、ウィスキーが薄まった。（weaker = weak の比較級）

「濃い飲み物」を表すには、strong を使います。

## 食べ物の味が薄い

食べ物の味が薄い場合、bland を使います。

**A lot of people say that British food is quite bland.**

多くの人は、イギリス料理の味がかなり薄いと言います。

あまり味がない場合、not flavorful も使えます。

**This soup isn't particularly flavorful.**

このスープはこれといって味がない。

## 内容が薄い

食べ物や飲み物に水を入れたときは、watered-down というフレーズを使います。たとえば、ビールに水を入れたものはwatered-down beer と言います。

これは比喩的な使い方をすると、内容が薄くなったという意味になります。

**This seems like a watered-down plan compared to the original.**

元の計画と比べると、これは中身の薄い計画のように感じる。

## 色が薄い

これにはlightやpale を使います。

**light/pale blue　薄い青 ↔ dark blue　濃い青**

通常、light は「明るい」という意味ですが、色に使うと「薄い」という意味になります。日本人の中には、light blue と聞くと「明るい青」を想像する人が多くいるかもしれま

モノを評価する

せんが、「水色」なので気をつけましょう。

## 髪の毛の話

　最後は、僕が一番恐れている「薄い」の使い方です。はい、髪の毛です。この場合、形容詞のthinを使います。

**He has thin hair.　彼は髪の毛が薄い。**

　この場合、thinは動詞としても使えます。

**Oh God!　I think my hair is thinning!**

**どうしよう！　僕の髪の毛が薄くなってきてるみたい！**

## 「薄い」のフレーズ

**I have thin arms and even thinner legs.**
私は腕が細くて、脚はもっと細いです。

**I like to drink weak coffee at night.**
私は夜に薄いコーヒーを飲むのが好きだ。

**Americans like their tea weak.** アメリカ人は薄い紅茶を好む。

**I hate that bar because it only serves weak cocktails.**
あのバーは薄いカクテルしか出さないので、大嫌いだ。

**Once the ice melted, the whiskey was weaker.**
氷が溶けて、ウィスキーが薄まった。

**A lot of people say that British food is quite bland.**
多くの人は、イギリス料理の味がかなり薄いと言います。

**This soup isn't particularly flavorful.**
このスープはこれといって味がない。

**This seems like a watered-down plan compared to the original.**
元の計画と比べると、これは中身の薄い計画のように感じる。

**light/pale blue** 薄い青

**He has thin hair.** 彼は髪の毛が薄い。

**Oh God! I think my hair is thinning!**
どうしよう! 僕の髪の毛が薄くなってきてるみたい!

THEME

# 腐る

食べ物が
悪くなった
と伝える
英語6つ

　僕は夏より冬のほうが好きですが、数ある理由のうちの1つは、食べ物が悪くなりにくいところにあります。だらしない性格のせいで、炊飯器の中のご飯が土のようになっていたことやトマトが液体になっていたこと、シリアルに牛乳をかけようとしたらヨーグルト状のものが出てきたことなどは、何度もあります。

　同じような経験をした方は少ないかもしれませんが、ここでは、他にもいろいろな食べ物や飲み物の状態が変わったときに、どのような英語を使うのかを説明します。

## 炭酸が抜けた

　まず、蓋を開けた翌々日くらいのコーラやサイダーを思い浮かべてください。炭酸がなくなってシュワーッとしませんよね。この状態は英語でflatと言います。日本語では、気が抜けたなどと言いますよね。flatは、ビールやコーラなど炭酸の入っている飲み物に対して使います。

**I drank flat coke after breakfast.**

**朝食後、気の抜けたコーラを飲んだ。**

## カビ

　次はカビです。カビの生えたパンはmoldy breadと言い、カビの生えた果物はmoldy fruitと言います。

**This bread is really moldy.** このパン、すっかりカビてるよ。

　ブルーチーズにはすでにmoldが生えていますね。

**Blue cheese is already moldy.**

**ブルーチーズはすでにカビている。**

　いっぽう、カビが生え始めた場合は、get moldyと言います。

**These curtains are getting moldy!**

**カーテンにカビが生えてきちゃってる！**

モノを評価する

## 干からびる

　食べ物が干からびて硬くなってしまった場合は、stale を使います。パン、クッキー、ケーキなどによく使います。

**I had stale bread for lunch.**
お昼に硬くなったパンを食べた。

## しける

　食べ物がしけったり、ふやけたりしてしまった場合は、soggy という形容詞を使います。

**This cookie is completely soggy. We'll have to throw it away.**
このクッキー全部しけっちゃってる。捨てなきゃね。

## 食材が腐る

　rotten は、腐った野菜や肉、果物に対してよく使われている言葉です。黒くなったり、悪臭がしたりしているものに使います。

**These bananas are already rotten. I only bought them yesterday.**
このバナナもう腐っちゃった。昨日買ったばっかりなのに。

卵や牛乳が腐った場合は、go badやgo offというフレーズをよく使います。

has gone bad/offは、腐った臭いがしてもう食べられない、飲めない場合に使います。夏に牛乳を1週間冷蔵庫から出しっぱなしにしていたら、"This milk has gone off."（この牛乳は腐っている。）と言わざるをえない事態になってしまうでしょう。

アメリカではgo badを、イギリスではgo offをよく使います。

A：Oh my God! What's that smell?　ヤバッ！　何の臭い？

B：I think the yogurt has gone bad.

　ヨーグルトがダメになったと思う。


みなさんが日常で一番使えそうな英語は、やはりsoggyかなと思います。しかし、僕はクッキーやおせんべいを開けると一気に全部食べてしまうので、この英語をほとんど使いません。

## 「腐る」のフレーズ

**I drank flat coke after breakfast.**
朝食後、気の抜けたコーラを飲んだ。

**This bread is really moldy.** このパン、すっかりカビてるよ。

**Blue cheese is already moldy.**
ブルーチーズはすでにカビている。

**These curtains are getting moldy!**
カーテンにカビが生えてきちゃってる！

**I had stale bread for lunch.** お昼に硬くなったパンを食べた。

**This cookie is completely soggy. We'll have to throw it away.**
このクッキー全部しけっちゃってる。捨てなきゃね。

**These bananas are already rotten. I only bought them yesterday.**
このバナナもう腐っちゃった。昨日買ったばかりなのに。

**This milk has gone off.** この牛乳は腐っている。

**A：Oh my God! What's that smell?** ヤバッ！ 何の臭い？
**B：I think the yogurt has gone bad.**
ヨーグルトがダメになったと思う。

THEME

# 神ってる

飛び抜けた
神業に使いたい
4つの表現

「神ってる」は「神がかる」がもとになった言葉ですね。スポーツのコメンテーターがよく使う日本語でしょう。僕はこの単語を聞くと、バスケットボール選手のマイケル・ジョーダンを思い浮かべます。彼は、飛び抜けた素晴らしい神業をよくしましたね。

英語では、スポーツで選手が素晴らしいことをしたときに、in the zoneやon fireというフレーズをよく使います。in the zoneは、集中力が100%になっていて、まわりのことが気にならなくなり、何かをとても上手くできる状態のことをさします。

**I'm in the zone today.　今日、私は神ってる。**

モノを評価する

　zone in は「集中する」という意味で、zone out は「集中しなくなる」になります。

　通常、on fire は燃えている建物やものに使いますが、欠点がまったくなく、すべてがうまくいっている状態についても使えます。

　スポーツに関する会話でよく耳にします。たとえば、バスケットボール選手については以下のフレーズがいいです。

**Jordan is on fire today. He can't miss a shot.**
**今日ジョーダンは神ってる。シュートのミスはありえない。**
**Normally, he's completely useless, but today he's on fire.**
**いつも彼は全然ダメなのに、今日は神ってる。**

## 運のよさが神がかっている

「神がかる」には、「運がいい」という意味もあるでしょう。この場合、lucky という英語がいいです。たとえば、1発目も2発目もホームランを打った場合、以下の文が言えます。

**That batter is so lucky today!**
**今日、あの打者は神ってる！**

## 神が乗り移ったようにすごい

「神がかる」には、神が人に乗り移って何かを上手にやるというニュアンスもありますね。これを表すには、be possessedという英語がいいです。

通常、悪魔にとりつかれたときに、be possessed by the devilなどと言います。しかし、スポーツなどで驚くほど活躍したときにも使えます。

**He is running around the court like he has been possessed.**
**彼は神がかって、コートを走り回っている。**

## 「神ってる」のフレーズ

I'm in the zone today. 今日、私は神ってる。

---

Jordan is on fire today. He can't miss a shot.
今日ジョーダンは神ってる。シュートのミスはありえない。

---

Normally, he's completely useless, but today he's on fire.
いつも彼は全然ダメなのに、今日は神ってる。

---

That batter is so lucky today!
今日、あの打者は神ってる！

---

He is running around the court like he has been possessed.
彼は神がかって、コートを走り回っている。

THEME

# ゲスい

卑しさを
訴える
5つの英語

「ゲスい」という単語を初めて聞いたのは、家で見ていたダウンタウンの番組でした。そのとき「ゲスい」は「下水のような」という意味だと思っていたのですが、その後「ゲスい」をググって、下水とは関係がなく「卑しい」という意味に近いと知りました。

## 卑しい人、卑しい話

「ゲスい」は卑しい人にも卑しい話にも使えますね。vulgar という英語も同じように使います。これは「一般的な人」を意味する vulgus というラテン語に由来します。下品な人や下品な話などに使います。

モノを評価する

**My younger brother is so vulgar!**　私の弟はゲスい！
**Teenage boys often have vulgar conversations.**
10代の少年はゲスい話をよくする。

## ゲスい政治家

　人にsleazyを使うと「卑劣な」や「腐敗した」という意味になります。特に下品だったり、平気で嘘をついたりする政治家に対してよく使います。

**That politician is so sleazy. I can't trust him at all.**
その政治家は本当にゲスい。彼はまったく信頼できない。

## 気分が悪くなるほどひどい話や行動

　disgustingは「ひどく気分を悪くさせる」という意味になります。多くの場合、とてもまずい食べ物について使いますが、ひどい話やひどい行動にも使えます。

**My boyfriend said some disgusting things to me yesterday.**
**I was so hurt!**
昨日彼氏にゲスいことを言われた。本当に傷ついた！

## 親しみを込めて言う「ゲスい」

「ゲスい」は親しみを込めて友人に言う場合もあります。このときには、naughty という英語がいいでしょう。たとえば、相手がいたずら好きで下品なことを言ったときには、こう言えます。

**Don't be so naughty!** そのゲスい話をやめてほしい！

## 更衣室でするような下品な話

locker room はジムなどにある「更衣室」という意味ですが、下品な話などについても locker room は使えます。たとえば、locker-room humor や locker-room talk は「ゲスい冗談」や「ゲスい話」という意味になります。

locker room が「ゲスい」という意味になる理由は、女性がいない男性の更衣室では下品な話をよく耳にするからです。

**Enough of this locker-room talk. I can't bear it.**
このゲスい話はもう十分だ。我慢できない。

## 「ゲスい」のフレーズ

**My younger brother is so vulgar!**
私の弟はゲスい!

**Teenage boys often have vulgar conversations.**
10代の少年はゲスい話をよくする。

**That politician is so sleazy. I can't trust him at all.**
その政治家は本当にゲスい。彼はまったく信頼できない。

**My boyfriend said some disgusting things to me yesterday. I was so hurt!**
昨日彼氏にゲスいことを言われた。本当に傷ついた!

**Don't be so naughty!** そのゲスい話をやめてほしい!

**locker-room humor** ゲスい冗談

**locker-room talk** ゲスい話

**Enough of this locker-room talk. I can't bear it.**
このゲスい話はもう十分だ。我慢できない。

THEME

# ウケる

知っておくと
便利な
リアクションの
表現7つ

　僕が初めて「ウケる」を聞いたのは、電車の床にギャル4人が座っていて、何回も「ウケる」「超ウケない」「マジでウケる」と言っていたときでした。そのとき、会話の中でこれほどよく使えるなら、「ウケる」はとても役に立つ単語だと思いました。

　「ウケる」や「超ウケる」を簡単な英語で表すなら、funnyが一番いいでしょう。相手の言ったことがとても面白かった場合、"That's funny."と言います。
　相手が面白いときは、"You are funny."と言えます。日本語では、とても面白いことがあったら、「面白すぎ」と

言いますが、英語も同じでtoo funnyとよく言います。

**Seriously? That is just too funny!**

マジで？ それは面白すぎ！

## 面白すぎて笑える

hilariousという単語もよく使われています。とても面白くて笑ってしまうようなときに使う英語で、very funnyと同じ意味になります。oh my Godを組み合わせる人が多くいます。

**Oh my God. That is absolutely hilarious!**

ヤバい。それは超ウケる！

## （笑）

日本人はメールなどで面白いことを聞くと、よく「（笑）」と書くでしょう。英語ではLOLを使います。「声を出して笑う」を意味するLaugh Out Loudの略語です。

**I can't believe he did that! LOL**

彼がそれをしたなんてありえない！（笑）

### 笑いすぎて体が割れる

とても面白いことを聞いたら、crack me up というフレーズもよく使います。crack は「ひび」を意味し、笑いすぎて体が割れそうになるというイメージを伝えるフレーズです。

**That totally cracks me up.** それは超ウケる。

### 悲鳴と鳴き声

とても面白い人がいるときに、日本語で、「その人、超ウケる」などと言うでしょう。

英語では、scream と hoot が使えます。scream は通常「悲鳴」という意味で、hoot はフクロウのホーホーという鳴き声です。これらの単語が「ウケる」を表すのは不思議ですね。

**She's a scream. I love her.** 彼女は本当にウケる。大好き。

**That guy is an absolute hoot.** その人はマジでウケる。

### ありえない！ ウケる！

ありえない出来事を聞いたときも、「ウケる」を使うでしょう。

この場合、no way という英語が使えます。no way は通

常「絶対にダメ」「ありえない」という意味ですが、「ウケる」という意味でも使えます。

**I can't believe he did that. No way!**

**彼がそれをしたなんて信じられない。ウケる！**

## 「ウケる」のフレーズ

**That's funny.** （その話）ウケる。

**You are funny.** （あなたは）ウケる。

**Seriously? That is just too funny!**
マジで？ それは面白すぎ！

**Oh my God. That is absolutely hilarious!**
ヤバい。それは超ウケる！

**I can't believe he did that! LOL**
彼がそれをしたなんてありえない！（笑）

**That totally cracks me up.** それは超ウケる。

**That anime yesterday cracked me up.**
昨日のアニメはウケた。

**She's a scream. I love her.** 彼女は本当にウケる。大好き。

**That guy is an absolute hoot.** その人マジでウケる。

**I can't believe he did that. No way!**
彼がそれをしたなんて信じられない。ウケる！

THEME

# さすが

できる人を
もっと褒める
表現5つ

　日本人の先生はよく「さすが」を使っていますね。僕が新潟県の中学校で日本人の先生の助手をしていたとき、「さすが＋学生の名前」という日本語のパターンをよく耳にしました。

　辞書で「さすが」を調べるとjust likeというフレーズがよく出てきます。このlikeは「好き」ではなく「似ている」です。justは意味の強調なので、just likeは「そっくり」という意味ですが、「さすが○○だ」という意味もあります。

**That's just like Sophia.**　さすがソフィアだ。

　父が息子に「さすが」を使うなら、"Like father, like

son." というイディオムがあります。これは、父と息子の
関係でしか使いません。

A：Your son is such a good golfer.
　あなたの息子はゴルフがとても上手ですね。

B：Like father, like son.　さすが俺の息子だ。

　しかし、最近まで「さすが」が人を褒める以外にも、た
くさんの使い方があるとは知りませんでした。
　実力は認めるけれど、否定する場合にはevenという英
語を使います。通常、人の前にevenをつけます。

Even Sherlock Holmes couldn't solve this case.
さすがのシャーロック・ホームズもこの事件を解けないだろう。

　期待通りに相手がいいことをしたとき、英語ではI knew
をよく耳にします。

Fantastic. I knew you could do it!　素晴らしい。さすがだ!
　誰かが何かで最適だと思ったときには、"I knew you
were the one."と言えます。これは恋人にも使えます。

I knew you were the one.
さすが（あなたが一番できる人だと知っていた）。

## 「さすが」のフレーズ

**That's just like Sophia.** さすがソフィアだ。

A : **Your son is such a good golfer.**
あなたの息子はゴルフがとても上手ですね。

B : **Like father, like son.** さすが俺の息子だ。

**Even Sherlock Holmes couldn't solve this case.**
さすがのシャーロック・ホームズもこの事件を解けないだろう。

**Fantastic. I knew you could do it!**
素晴らしい。さすがだ！

**I knew you were the one.**
さすが（あなたが一番できる人だと知っていた）。

COLUMN

# 神を冒瀆していない？

驚いたとき、ケガをしたとき、嫌なことがあったときに、ネイティブはよく Christ/Jesus/Jesus Christ/God などと言います。しかし、このようにみだりに神様の名前を使うのは、キリスト教では冒瀆（blasphemy）とされています。

この冒瀆を避けるために、英語にはいろいろな婉曲表現（euphemism）があります。たとえば、Christ の代わりに crikey と言ったり、Jesus の代わりに jeez と言います。音がとてもよく似ていますね。

ネイティブはうっかり冒瀆表現を口にしてしまうことが多いので、これは役に立ちます。たとえば、Christ と言いそうになって、最初の krai という音が口から出ている間に crikey と言います。

面白いことに、アメリカとイギリスで婉曲表現は大きく異なります。

## アメリカの婉曲表現

God の代わりに同じ go で始まる goodness/golly という

言葉を使います。

**Goodness. This room is very smokey.**

（**なんてこと**。この部屋は本当に煙たい。）

my God という冒瀆表現の代わりに、my goodness/my golly/goodness gracious me などが使えます。

**Goodness gracious me! How big you've grown!**

（**驚いた！** 本当に背が伸びたね!）

Jesus の代わりには、jeepers/jeez/gee whiz が使えます。jeepers に creepers をつけると、eepers の音が連続して面白い英語になります。

**Jeepers creepers! What have you done?**

（**ヤバい！** 何したの?）

God、Jesus などは神様の名前なので、頭文字は大文字で書きます。

## イギリスの婉曲表現

God の代わりに、by Jove や by George と言います。Jove は古代ローマの神様で、キリスト教には関係ないため冒瀆にはなりません。

また、Saint George はイングランドの守護聖人なので、God の代わりに by George を使うと愛国心を示すことにな

るでしょう。

**By Jove. What a beautiful castle!**

（**驚きました**。本当に綺麗なお城ですね!）


Godの代わりにgoshやgolly goshとも言えます。

**Gosh. Are you doing to be okay?**

（**ヤバい**。君は大丈夫?）


Christの代わりに、cripes/crikey/crumbsを使います。

**Crumbs. I didn't mean to do that.**

（**ヤバい**。そんなことするつもりじゃなかった。）

crumbsは「パン粉」という意味なので、少し滑稽な印象を与えますね。

## OMG

oh my Godはビックリしたときに使うフレーズですね。メールやメッセージなどで略したOMGもよく見かけます。

しかし、"Oh my God!" も冒瀆表現です。婉曲表現は"Oh my!" や"Oh my goodness!" もしくは、"OMG!" も大丈夫です。OMGはとてもくだけた英語の表現ですね。


現在では、映画やドラマでも慎みのない冒瀆表現をよく耳にするようになり、婉曲表現は前ほど聞かなくなりました。

そのため、これらのフレーズは少し古臭い印象を与えるかもしれません。

　しかし、より丁寧な言葉として現在も使われています。日本では聞くことがないかもしれませんが、英語圏に行ったら、年上の人や敬虔なキリスト教徒の前では、婉曲表現を使ったほうがいいでしょう。

COLUMN

# 性差別的な英語に注意

　英語でも、性差別的な表現を避けることは大事です。日本人が知らず知らずのうちに性差別的な表現を使って、ネイティブに無用な不快感を与えていることもあるので、よく注意しましょう。

　また、昔は容認されていたものでも、現在は性差別的だと考えられている言葉もあります。昔は男性たちの手で行われていたことでも、現在は女性たちも行っていることが多いので、職業関連の英語は特に気をつけてください。

## 職業の性差別

　性差別的な言葉と、それらを性差別的ではない言葉に変えたものをリストにしました。

× **actress**　○ **actor**（俳優）

× **anchorman**　○ **anchor**（ニュースキャスター）

× **businessman**　○ **business person**（会社員）

× **chairman**　○ **chairperson/chair**（議長）

× congressman　○ congressperson（議員）

× forefathers　○ ancestors（先祖）

× foreman　○ supervisor（現場監督）

× mailman　○ mail carrier（郵便集配人）

× male nurse　○ nurse（看護師）

× mankind　○ humanity/people（人類、人間）

× manpower　○ human resources（人手、人員）

× policeman　○ police officer（警察官）

× salesman　○ sales representative（営業職員）

× stewardess　○ flight attendant（客室乗務員）

× waiter/waitress　○ server（給仕）


　職業における性差別的な表現の本当の問題は、その言葉によって人々が無意識にその職位はどちらかの性がなるものだと考えるようになることです。

　たとえば、congressman（議員）という言葉を使えば、議員は男性でなければいけないという思想を普及することになるかもしれません。

## 代名詞の性差別

　代名詞も、日本人が出くわす問題の1つです。

　たとえば、he/she または him/her です。この例を見てください。

**Before visiting a doctor, you should look up his work history online.**

（医者に行く前に、インターネットで彼の経歴を調べたほうがいいですよ。）

　これは一般的な文章ですが、「医者が男性である」と仮定しています。では、この文章をどのように性差別的ではない文章にできるでしょうか？

　職業名について触れるとき、その人物の性別がわからない場合は、男性か女性かは決めないことが大切です。もっとも簡単な方法は、his or her または him or her を使うことです。

**Before visiting a doctor, you should look up his or her work history online.**

（医者に行く前に、インターネットで彼または彼女の経歴を調べたほうがいいですよ。）


　しかし、he or she/him or her/his or her をずっと使い続けると、言いづらくてちょっとかっこ悪いです。したがって、職業について話すときはできるだけ複数形を使うと簡単です。

**Before visiting doctors, you should look up their work history online.**

（医者に行く前に、インターネットで（彼ら彼女らの）経歴を調べたほうがいいですよ。）

　こうすれば、his or her の使用を避けることができます。

COLUMN

# ガラクタを表す面白い英語

　みなさんは、年をとるとガラクタが増えていくと思いませんか。今年の夏、実家に帰ったら、ガラクタの量が多くてびっくりしました。

　棚には、昔からのお土産、誰も着られない服、古い電気製品が溢れていました。僕は親にこう聞きました。

**Why do you have so much junk?**

（なぜそんなに**ガラクタ**があるの？）

　すると親はこう答えました。

**It's not junk. There's nothing wrong with having a few bits and bobs and knick-knacks.**

　この文章を見ると、ガラクタを表す面白い英語がたくさんあることがわかります。junk は少し失礼な言い方で、「捨てるべきもの」というニュアンスですが、親が使った bits and bobs と knick-knacks は「気に入っているもの」というニュアンスです。

　大掃除でとても役に立つ英語を見てみましょう。

## 役に立たないものの寄せ集め

odds and ends は「ガラクタ」という意味です。特に役に立たないものの寄せ集めです。棚、引き出し、小屋などによく入っています。

odd ends というフレーズに由来します。odd ends は生地の端切れで、服などを作っている工場で使われる用語です。

**The shed next to the house is full of odds and ends.**

（家の隣の小屋は**ガラクタ**でいっぱいだ。）

## 金銭的に価値のないもの

アメリカでは bits and pieces と言い、イギリスでは bits and bobs と言います。これは odds and ends と同じ意味です。

bits and bobs はイギリスの硬貨に由来し、bit は 3 pence で、bob は 12 pence です。どちらもそれほど価値がありません。日本でいう 1 円玉や 5 円玉です。ですので「ガラクタ」という意味になります。

**One day, I want to organize these drawers. There are so many bits and pieces that we don't need.**

（いつかこれらの引き出しを整理したい。いらない**ガラクタ**がたくさんあるから。）

## ありふれたもの

knick-knackは「特別な価値がないもの」という意味です。「家に置いておく必要のないありふれたもの」というニュアンスです。

しかし、ありふれていても、必ずしも精神的に価値がないというわけではありません。僕の親は旅行をするときに、必ずたくさんのknick-knackを持って帰りますが、これは親にとって旅の思い出になるので捨てる必要はないでしょう。

**My parent's house is full of knick-knacks, but I don't think we have a single antique.**

（親の家には価値がない装飾品がたくさんあるけど、骨董品は一つもないと思う。）

knickとknackの間のハイフンはあってもなくてもオーケーです。

「ガラクタ」を表す英語がこれほどあるのは、なぜでしょう。イギリスとアメリカには、もしかしたら日本より、僕の親のような「収集家（hoarder）」が多いのかもしれません。近藤麻理恵さんに親の家にぜひ来てもらいたいです！

第4章

# 「性格」を伝える

THEME

# KY・忖度(そんたく)

空気が
読めない人に
使いたい
4つの表現

　日本に住んでいる外国人は、基本、日本に同僚や同級生がいないため、合コンに行く機会がめったにありません。そのため、日本人から合コンの話を聞くのがとても楽しいです。

　合コンでのKYな行動の話はよく耳にします。たとえば友達が行った合コンでは、ある女性が突然「帰りたい」と言いました。みんなが「なぜ?」と聞くと、「会話が面白くない」と言うのです。それを聞いた男性は、「KYだね〜」と言ったそうです。

「空気を読む」を英語にする場合、read the airやread the

「性格」を伝える

atmosphere と訳してしまいそうですが、これは間違った英語です。ただし、「read + 人」は自然な英語です。

read は通常、書物について使う動詞ですが、この場合、意味は「気持ちを読む」になります。

**I'm not very good at reading other people.**
私はうまく人の気持ちを読めない。


read between the lines は文字通り「行間を読む」という意味になります。つまり、「文章でほのめかしている意味をとること」です。しかし、これは文章だけではなく、人間について話すときにも使えます。

**Come on! Read between the lines!**
おい！　空気を読んで！


take a hint は直訳すると「ヒントを得る」ですが、これは「相手の微妙なことがわかる、感づく」という意味になります。

**One day I hope my son will learn to take a hint.**
息子にはいつか空気を読めるようになってほしい。

## デリカシーがない

inconsiderate は「思いやりがない」という意味です。相手が無神経なことを言ったときに、この単語は役に立ちます。

KYとは違って 1 対 1 の場面でも使えるので、「あなたはデリカシーがない」という日本語に似ているでしょう。

A：You've got kind of fat recently.　最近ちょっと太ったね。

B：You're so inconsiderate!

あなたは本当に思いやりがない人ね!

一方、空気が読める人はconsiderate と言えます。

My friend is a very considerate dinner host. He always makes sure that everyone is engaged in the conversation.

私の友達は、宴会の空気がよく読める主催者です。彼はいつもみんなが会話に入れるように計らいます。

## 「KY・忖度」のフレーズ

**I'm not very good at reading other people.**
私はうまく人の気持ちを読めない。

**Come on! Read between the lines!**
おい！ 空気を読んで！

**Read between the lines, and you'll know what I'm talking about.**
空気を読むと、俺が何を言っているのかわかるだろう。

**One day I hope my son will learn to take a hint.**
息子にはいつか空気を読めるようになってほしい。

**A : You've got kind of fat recently.** 最近ちょっと太ったね。
**B : You're so inconsiderate!**
あなたは本当に思いやりがない人ね！

**My friend is a very considerate dinner host. He always makes sure that everyone is engaged in the conversation.**
私の友達は、宴会の空気がよく読める主催者です。彼はいつもみんなが会話に入れるように計らいます。

THEME

# 人見知り

内気でシャイな
人を表す
5つの表現

　典型的なイギリス人は、通常人見知りの印象を与えます。かつてのイタリア人のルームメイトは、いつも「イギリス人は控えめで優柔不断な丁寧すぎる人」と文句を言っていました。

　しかし、彼によると、2つの場面でイギリス人の性格は大きく変わるそうです。それは、お酒を飲むときとサッカーをするときです。これらのときには、イタリア人とイギリス人はとても似ているようです。

「人見知り」を簡単な英語で表現したい場合、shyかquietがいいでしょう。

「性格」を伝える

　quiet は静かな町や静かな森などに使いますが、あまりしゃべれない人についても使います。

**I like quiet men. They are usually more sensitive.**
私は静かな男性が好きだ。そのような男性は通常よく気が回る。

　shy は日本語でも使うので、覚えやすい英語でしょう。

**He is such a shy boy.**　彼は本当にシャイな男の子だね。

　「人見知り」は、特に初めて会うときにシャイというニュアンスがあるので、shy at first というフレーズがいいでしょう。at first は「初めて」という意味です。

**At first, Sadie is shy, but once you get to know her she is quite talkative.**
サディーは初めはシャイだが、よく知るようになるとおしゃべりになる。

　reserved という言葉は、「控えめな」という意味です。

**Italians think that the British are reserved.**
イタリア人はイギリス人が遠慮がちだと思っています。

117

mousyを直訳すると「ネズミのような」という意味になりますが、「ネズミのように内気な人」という意味でよく使われています。mouseという英語からeをとり、yをつけるので、わりと覚えやすい英語でしょう。

**My little sister gets a mousy grin on her face when she meets strangers.**

妹は知らない人と会うときに内気な笑顔をする。

## 「人見知り」のフレーズ

**I like quiet men. They are usually more sensitive.**
私は**静かな**男性が好きだ。そのような男性は通常よく気が回る。

**He is such a shy boy.**
彼は本当に**シャイな**男の子だね。

**At first, Sadie is shy, but once you get to know her she is quite talkative.**
サディーは**初めはシャイ**だが、よく知るようになるとおしゃべりになる。

**Italians think that the British are reserved.**
イタリア人はイギリス人が**遠慮がち**だと思っています。

**My little sister gets a mousy grin on her face when she meets strangers.**
妹は知らない人と会うときに**内気な**笑顔をする。

THEME

# 明るい

エネルギーに
あふれた
人を表す
6つの単語

　よく笑う人やいつも冗談を言う人のことを日本語では「明るい人」と言ったりしますね。英語でも、このような人のことをsunny（晴れた）やbright（明るい）と言います。日本語でも英語でも、明るい人は光に関係があるのは面白いですね。

　sunnyは通常、天気が晴れているときに使いますが、明るい性格の人にも使います。sunnyな人は、よく笑っているイメージがあります。

**My friend Sam always has a very sunny disposition.**
**私の友達のサムはいつも明るい性格です。**

　brightを人に使う場合、2つの意味があります。それは

「性格」を伝える

「頭がいい」と「明るい」です。

**My friend Sophie has a wonderful bright smile.**

私の友達のソフィーの笑顔は明るくて素晴らしいよ。

## 活気に満ちた人

明るい人にはcheerfulをよく使います。cheerは「活気」を意味し、fullは「満ちた」を意味するので、文字通りにcheerfulは「活気に満ちた」となります。

**Alex is so cheerful. He always makes me laugh.**

アレックスは超明るい。いつも彼に笑わされる。

## お酒を飲んで明るい人

通常、merryはカードなどにMerry Christmasと書いて使いますが、明るい人にも使います。特にお酒を飲んで明るくなった人に使います。お酒をたくさん飲む時期であるクリスマスに適切な表現でしょう。

**When my friends drink, they become so merry.**

私の友達はお酒を飲むと、とても陽気になる。

## シャンパンのように活気がある人

bubble は「泡」という意味で、シャンパンのようにたくさん泡があるものを bubbly と言い、とても明るい人のことも bubbly と言います。イメージはシャンパンのように弾けている感じです。

**Lana has a bubbly personality and is always fun to be around.**

ラナは明るい性格で一緒にいるといつも楽しいです。

## いきいきとしている人

live は「生きる」という意味なので、lively はいきいきとしていて活発な性格の人に使います。明るくて、エネルギーがたくさんある人のイメージです。

**Christine is so lively. She always dances in her room.**

クリスティンはめちゃ元気だ。部屋の中でよく踊っている。

## 「明るい」のフレーズ

**My friend Sam always has a very sunny disposition.**
私の友達のサムはいつも**明るい**性格です。

**My friend Sophie has a wonderful bright smile.**
私の友達のソフィーの笑顔は**明るくて**素晴らしいよ。

**Alex is so cheerful. He always makes me laugh.**
アレックスは超**明るい**。いつも彼に笑わされる。

**When my friends drink, they become so merry.**
私の友達はお酒を飲むと、とても**陽気**になる。

**Lana has a bubbly personality and is always fun to be around.**
ラナは**明るい**性格で一緒にいるといつも楽しいです。

**Christine is so lively. She always dances in her room.**
クリスティンはめちゃ**元気**だ。部屋の中でよく踊っている。

THEME

# 草食系

恋愛に
興味がない人
を表す
いろんな英語

「草食系男子」を英語にするのは、とても難しいです。vegetarian man などと言うと、ネイティブは「肉を食べない男性」を思い浮かべてしまうからです。

「草食」を意味する herbivorous という言葉を使ったほうがいいです。なぜなら、herbivorous は通常、動物だけに使われているため、人間に使うとネイティブは「草食動物のような性格の男性」だと考えることができます。

しかし、これだけではまだ「草食系男子」の意味までは伝わらないと思うので、さらに英語で説明しないといけないでしょう。

「性格」を伝える

## 「草食系」に近いスラング

　metrosexual というスラングが少し前から流行っています。これは男性だけに使われていて、「女性的な男性」という意味です。自分の外見にこだわり、少し女性っぽいファッションをしています。しかし、この言い方は草食系男子にぴったりではありませんね。

**There are so many metrosexual men in London.**
**ロンドンにはメトロセクシュアルの男性が多い。**

　なので、「草食系男子」を1つの英語にするのはとても難しいでしょう。代わりに、以下のような説明はいかがでしょうか。

**a young man who has little interest in women and is not ambitious**
女性への興味が薄い、あるいは野心の少ない若い男性

　これを1つのフレーズで表すなら、have almost no interest in women がいいと思います。

　「have + interest + in + 対象」で「○○に興味がある」という意味になります。

125

**My friend Alex has almost no interest in women.**

私の友達のアレックスは女性に対してほとんど興味がない。

## 肉体関係に興味がない

通常、frigidは「とても寒い」という意味の言葉です。たとえば、とても寒い冬の日に "It's a frigid day." と言います。

しかし、人にfrigidを使うと「肉体的な関係に興味がない、不感症」という意味になります。僕の学校では、この言葉で人がよくからかわれていました。

**My boyfriend is so frigid. He won't even give me a French kiss.**

私の彼はすごくプラトニックなの。フレンチ・キスもしてくれない。

## 遅咲き

比較的にいい年まで恋愛のことに興味がなかった人は、英語でlate bloomerと言います。

**Our son is a late bloomer. He still doesn't have a girlfriend.**

私たちの息子は恋愛に関して遅れている。まだ彼女がいない。

bloomは「花」という意味で、late bloomは秋などに遅く開く花を指します。

「性格」を伝える

　この言い方は丁寧で、恋愛に遅い人を詩的に表現しているでしょう。また、late bloomer は「大器晩成型（の人）」という意味でも使えます。

**Albert Einstein was a famous late bloomer.**
**アルベルト・アインシュタインは有名な大器晩成型だった。**

　残念ながら、ポジティブに「肉食系女子」を表す英語はありません。あえて英語にするなら"She knows what she wants from men."（彼女は自分が男性から何を求められているのかを知っている。）という説明がいいと思います。

　モテる男性や肉食系男子なら stud や player などたくさんの英単語がありますが、肉食系女子に関する英語は失礼でネガティブな表現ばかりです。これは英語にある性差別と言えるでしょう。

## 「草食系」のフレーズ

**There are so many metrosexual men in London.**

ロンドンには**メトロセクシュアル**の男性が多い。

**a young man who has little interest in women and is not ambitious**

**女性への興味が薄い、あるいは野心の少ない若い男性**

**My friend Alex has almost no interest in women.**

私の友達のアレックスは**女性に対してほとんど興味がない**。

**My boyfriend is so frigid. He won't even give me a French kiss.**

私の彼はすごく**プラトニック**なの。フレンチ・キスもしてくれない。

**Our son is a late bloomer. He still doesn't have a girlfriend.**

私たちの息子は**恋愛に関して遅れている**。まだ彼女がいない。

THEME

# 積極的

日本人が
よくやる
危険な間違い

「積極的」という言葉は、日本では結構な頻度で使われていますが、これを適切な英語にしようとすると少々複雑です。なぜなら、文脈によって違う英語が必要になるからです。

アメリカ人のネイティブはよく go-getter という単語を使います。積極的な人を英語で表したいなら、この単語が一番ネイティブっぽいかもしれません。野心と積極性を持ち合わせた人を表します。

**He's a real go-getter who got promoted to vice president before he turned 40.**
彼はとても積極的なタイプで40歳になる前に副社長へと昇進した。

### 積極的な姿勢

「積極的な姿勢」と言いたいときには、positive という訳がいいでしょう。「なんでも成功する」「失敗しても結局うまくいく」と思っているときに使います。

**When it comes to new challenges, he has a very positive attitude.**

**彼は新しいチャレンジに対して、いつも積極的な姿勢で臨む。**

### aggressive に注意

1つみなさんに気をつけてほしいことがあります。「積極的」の英語を辞書で調べると、aggressive が何度も出てきますが、この訳はとても危険です。

たとえば、「私は開発に積極的な会社で働く」を "I work for an aggressive development company." と訳すと、英語圏の人はあなたが暴力団にでも入っているのかと思ってしまいます。なぜなら aggressive には「好戦的」という意味があるからです。このような間違いは日本の会社のプレスリリースでよく見かけます。

とはいえ、aggressive が「積極的」の英訳として使える

場面もあります。「値段を積極的に下げる」というときには、このaggressiveがいいでしょう。

**Our company is carrying out an aggressive price-cutting strategy.**
弊社は積極的な値下げ戦略を行っています。

**He is a very aggressive salesperson.**
彼はとても積極的な営業です。

　これは、「彼はとても押しの強い営業なので、たくさんの人に迷惑をかけている」というネガティブなニュアンスになります。

## 自発的な行動

　多くの場合、proactiveがもっとも適切な「積極的」の英訳です。activeとwillingという訳も辞書には出てきますが、ニキビケア商品でおなじみのproactiveという単語が一番適切です。「前もって行動する」、または「自発的に行動する」という意味になります。

**Obama came across as an informed and proactive president.**
オバマは知性のある積極的な大統領という印象を与えた。

**She took a proactive approach to solving the problem.**

彼女は問題解決のために積極的な取り組みを見せました。

　proactively は副詞で「積極的に」という意味になります。

**It is important that we deal with future crises proactively.**

私たちは将来の危機に対して積極的に対応することが重要です。

## 「積極的」のフレーズ

**He's a real go-getter who got promoted to vice president before he turned 40.**

彼はとても**積極的な**タイプで、40歳になる前に副社長へと昇進した。

**When it comes to new challenges, he has a very positive attitude.**

彼は新しいチャレンジに対して、いつも**積極的な**姿勢で臨む。

**Our company is carrying out an aggressive price-cutting strategy.**

弊社は**積極的な**値下げ戦略を行っています。

**He is a very aggressive salesperson.**

彼はとても**積極的な**営業です。

**Obama came across as an informed and proactive president.**

オバマは知性のある**積極的な**大統領という印象を与えた。

**She took a proactive approach to solving the problem.**

彼女は問題解決のために**積極的な**取り組みを見せました。

**It is important that we deal with future crises proactively.**

私たちは将来の危機に対して**積極的に**対応することが重要です。

THEME

# のんき

運がよくて
幸せな気持ち
で生きている人

「のんきな人」とは、のんびりしていてあまり物事を深く考えていないような人のことですね。英語でその意味を表現したいなら、happy-go-luckyがいいでしょう。これは、のんきで未来に対して特に不安がない人です。

**He is a happy-go-lucky kind of a guy.**
彼はのんきなやつだよ。

　upbeatはポジティブなニュアンスがあるので、「楽天的」という意味に近いです。通常ヒップホップ、ロック、ポップ、クラシックなど、活発で陽気な音楽に使われる単語です。

「性格」を伝える

**Bobby is such an upbeat guy.**
ボビーは本当に楽天的な人だ。


　easy-goingのeasyはtake it easyと同じで、「簡単」ではなく「心配がない」という意味のeasyです。ポジティブなニュアンスがあり、すぐに打ち解けられる人に使います。あまり怒らなくて、ストレスが少ない人というイメージです。

**Rudy is such an easy-going guy. I don't think I've ever seen him get mad.**
ルディーは本当に大らかな人だ。彼の怒っている姿を見たことがないと思う。


　carefreeは少しネガティブなニュアンスの「気楽な人」という言葉です。careは「心配」、freeは「ない」という意味なので、carefreeは文字通り「心配がない」になります。

**When I was young, I used to be so carefree.**
私は若い頃にとてもお気楽だった。


　nincompoopも「のんきな人」を伝えるいい英語です。単

語の由来は、イエスに素朴な質問をしたパリサイ人の名前Nicholas という説と、「不健全な精神」を意味するラテン語non compos menti という説が現在議論中です。

　これは少し滑稽な英語で、冗談として使われることが多いです。

**You are such a nincompoop.**
**あなたは本当にのんきな人だよね。**


「楽天家」の意味で一番多く使われているのはoptimist だと思います。将来の成功に自信を持っている人です。ちなみに、optimist の反対語はpessimist です。

**I'm such a pessimist, but my girlfriend is an optimist.**
**私はかなりの悲観論者ですが、彼女は楽天家です。**

## 「のんき」のフレーズ

**He is a happy-go-lucky kind of a guy.**

彼は**のんきな**やつだよ。

**Bobby is such an upbeat guy.**

ボビーは本当に**楽天的**な人だ。

**Rudy is such an easy-going guy. I don't think I've ever seen him get mad.**

ルディーは本当に**大らかな人**だ。彼の怒っている姿を見たことがないと思う。

**When I was young, I used to be so carefree.**

私は若い頃にとても**お気楽**だった。

**You are such a nincompoop.**

あなたは本当に**のんきな人**だよね。

**I'm such a pessimist, but my girlfriend is an optimist.**

私はかなりの悲観論者ですが、彼女は**楽天家**です。

THEME

# ナイーブ

英語の意味は
考えが甘くて
単純な人⁉

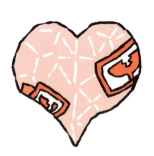

「ナイーブ」で思いつく英単語といえば、naïveではないでしょうか？ でも、このnaïve、使いすぎには注意してください。場合によっては、相手に誤解を与えてしまいます。

日本語のナイーブは、みなさんがご存じの通り「繊細、純粋で傷つきやすい」という意味があります。

いっぽう英語のnaïveは「思慮に欠ける」というネガティブな意味があります。たとえば、"Are you really so naïve?"（あんたは、そんなに単純なの？）や "That is so naïve!"（それが甘いんだ！）と言って使います。

たまにポジティブな意味でも使われて、"Her naivety is

charming." （彼女は無邪気で可愛いね。） などと言います。

naivety は naïve の名詞です。ちなみにスペルは naive と naïve の両方が使えます。

では、日本語のナイーブを英語にしたいときは、何と言えばいいのでしょうか？

innocent や sensitive のような英単語が一番近いと思います。innocent には「純粋、罪のない」という意味があります。sensitive には「繊細、敏感、感じやすい、傷つきやすい」という意味があります。

**He's a very sensitive fellow, isn't he?**
彼は本当にナイーブな人でしょ？
**You seem so innocent.**　あなたは本当に純粋そうです。

ところで、どうして naïve の i の上に点が 2 つあるのかというと、naïve はフランス語の naif に由来しているからです。ということで naïve の a と i を発音するときは、普段の英語と違い、連続せずに文字ごとに切ります。

## 「ナイーブ」のフレーズ

**He's a very sensitive fellow, isn't he?**
彼は本当に**ナイーブ**な人でしょ?

**I don't want to criticize you because you are so sensitive.**
あなたは本当に**ナイーブ**なので、僕はあなたを批判したくない。

**You seem so innocent.** あなたは本当に**純粋**そうです。

**He looks innocent, but don't be deceived.**
彼は**ナイーブ**に見えるけど、だまされないで。

THEME

# お酒が強い

あなたは
お酒を
持ってますか？

　僕は身長が190cmあるので、よく日本人に「ルークってお酒強いの？」と聞かれます。しかし、残念ながら強くはありません。缶ビールを半分飲んだらいい気分になっています。むしろ、ビールだと言われて出されたらノンアルコールビールでも酔いそうです。

　あなたはお酒が強いですか？　僕の経験上、英語圏の人は、日本人ほどこの質問をしません。特にアメリカでは、禁酒法の歴史や、現在も建物の外での飲酒が禁止されていることもあり、お酒に対してあまりポジティブなイメージはありません。

　もしこの質問を自然な英語にするなら、次のようになり

ます。

**Are you good with alcohol?**

**Are you a strong drinker?**

**Can you hold your alcohol?**

（すべて）あなたはお酒が強いですか？

　英語では「持つ」を意味する動詞holdを使いますが、お酒を持っているという意味にはならないので安心してください。

　返事をするなら、

**I can hold my drink.**　私はお酒が強いです。

**I can't hold my alcohol.**　私はお酒が弱いです。

**I can't hold my alcohol, but I like it.**

強くはないけど好きです。

**I can drink a lot without getting drunk.**

たくさん飲んでも酔わないよ。

## 強さ自慢

　パブやバーで飲んでいるネイティブは、「お酒が強いか？」という質問より、「自分は強い」という自慢をよくしています。

「性格」を伝える

**I could outdrink you any day of the week.**
**俺はいつでもお前よりたくさん飲めるぜ。**

　また、"I could drink you under the table."というフレーズもよく耳にします。これは、「私たちがお酒を飲んだら、あなたはテーブルの下で潰れてしまう」という意味になります。

**I could drink you under the table.**
**私はあなたよりお酒がたくさん飲めます。**

### お酒が苦手な人へ

　最後に、お酒を好まない人やあまり飲まない人が使える英語を紹介します。

**I'm not much of a drinker.　僕はお酒があまり好きじゃない。**
**I only drink occasionally.　たまにお酒を飲みます。**
**I don't drink.　お酒は飲まない。**

　12月は忘年会シーズンですね。一番心配なのは自分ですが、みなさんも飲みすぎには気をつけてくださいね！

## 「お酒が強い」のフレーズ

**Are you good with alcohol?** あなたはお酒が強いですか？
**Are you a strong drinker?**
**Can you hold your alcohol?**

---

**I can hold my drink.** 私はお酒が強いです。

---

**I can't hold my alcohol.** 僕はお酒が弱いです。

---

**I can't hold my alcohol, but I like it.**
強くはないけど好きです。

---

**I can drink a lot without getting drunk.**
たくさん飲んでも酔わないよ。

---

**I could outdrink you any day of the week.**
俺はいつでもお前よりたくさん飲めるぜ。

---

**I could drink you under the table.**
私はあなたよりお酒がたくさん飲めます。

---

**I'm not much of a drinker.** 僕はお酒があまり好きじゃない。

---

**I only drink occasionally.** たまにお酒を飲みます。

---

**I don't drink.** お酒は飲まない。

THEME

# いい人

チャーミング
王子の名前
の意味、
知ってますか？

　「ナイスガイ」という言葉、みなさんも日本で一度は耳にしたことがあると思いますが、nice guyは外見ではなく内面を表すフレーズです。なので少し失礼な話ですが、どんなルックスであれ内面が素敵な男性にはnice guy、つまり「いい人」というフレーズを使います。

**Frank is such a nice guy. He always brings me back presents from America.**

フランクは本当に優しいの。いつも私にアメリカのお土産をくれるんだ。

　cool guyというフレーズも同じように「いい人」という意味で使われますが、ほかに「かっこいい男、落ち着いて

いる男」にも使います。

**Jake is a really cool guy. He gives me a ride to the station whenever I want.**

ジェイクは本当にいい奴だ。俺が駅に行きたいときは車に乗せてってくれるんだよ。

## 女性にはnice person

　nice guy と cool guy は文字通り男性をさすため、女性には使いません。女性にはnice girlやnice personを使う人が多いです。

**Samantha is such a nice person. She spends all of her free time helping the homeless.**

サマンサは本当にいい子だよ。あの子は空いてる時間、いつもホームレスの人たちのために何かしてる。

## 魅力的な若い男性限定

　charmingは、おとぎ話の王子様が「プリンス・チャーミング」と呼ばれているように、礼儀正しく丁寧で魅力的な人に使われています。特に若い男性によく使われます。

**What a charming young man!**　なんて魅力的な青年でしょう!

「性格」を伝える

## カリスマ的な魅力

charismatic はリーダーや政治家によく使われていますが、魅力的な人にも使えます。

**My boss at work is so charismatic. Everyone loves to hear her talk.**

私の部長はとてもカリスマ性がある。みんな彼女の話を聞くのが好きだ。

## 親しい・礼儀正しい

pleasant は、"I had a really pleasant time with him."（彼ととても楽しい時間を過ごしました。）などというように、よく「楽しい」という意味で使われています。しかし、人に使うと、「親しい」や「礼儀正しい」という意味になります。

**My girlfriend's parents are so pleasant. They always give me tea and cake when I visit them.**

僕の彼女の親はとても優しいです。彼らを訪ねると、いつも紅茶とケーキでもてなしてくれます。

## 「いい人」のフレーズ

Frank is such a nice guy. He always brings me back presents from America.

フランクは本当に**優しいの**。いつも私にアメリカのお土産をくれるんだ。

Jake is a really cool guy. He gives me a ride to the station whenever I want.

ジェイクは本当に**いい奴**だ。俺が駅に行きたい時は車に乗せてってくれるんだよ。

Samantha is such a nice person. She spends all of her free time helping the homeless.

サマンサは本当に**いい子**だよ。あの子は空いてる時間、いつもホームレスの人たちのために何かしてる。

What a charming young man!

なんて**魅力的な**青年でしょう!

My boss at work is so charismatic. Everyone loves to hear her talk.

私の部長はとても**カリスマ性がある**。みんな彼女の話を聞くのが好きだ。

My girlfriend's parents are so pleasant. They always give me tea and cake when I visit them.

僕の彼女の親はとても**優しい**です。彼らを訪ねると、いつも紅茶とケーキでもてなしてくれます。

THEME

# 悪い癖

あなたは
いくつ
当てはまる？

　みなさんは、誰かに自分の悪い癖を指摘されたことがありますか？　ここだけの話ですが、僕はだらしない性格のせいか悪い癖がいくつもあります。

　英語で「悪い癖」はbad habitと言い、その多くは人を不快にする行動をさします。そのため、「マイナス思考」など目に見えない癖は含んでいません。

**That's a bad habit.**　それは悪い癖だよ。

**Don't get into bad habits.**　悪い癖を身につけないで。

　上の2つの英文は、親が子供をしつけるときによく使います。また、「悪い癖を直す」はbreak a bad habitという英語で表します。

It is difficult to break a bad habit.　悪い癖を直すのは大変だ。

## 悪い癖の種類

　続いて、さまざまな悪い癖を表す英語を見てみましょう。これらは、自分の悪い癖を誰かに話したり、誰かに注意したりする場合などに役立つでしょう。

I often pick my nose.　僕はよく鼻をほじる。

Don't sniffle.　鼻をすするのをやめて。

Don't burp in front of people.　人前でげっぷしないでよ。

　上記のように、「人前で」を意味する in front of people は、悪い癖とセットでよく使われています。


Don't slurp your soup.　音を立ててスープをすすらないで。

「音を立てて食べる、飲む」を意味する slurp を発音すると、スープをすするときの音に少し似ているので slurp は擬音語のような英単語です。

　欧米で音を立ててスープをすするのはマナー違反なので、初めて日本のお蕎麦屋さんに行ったとき、とても驚きました。ちなみに僕は、まだ麺のすすり方がわかりません。

「性格」を伝える

**He rests his elbows on the table when he eats.**
彼はテーブルに肘をついて食事をする。

**She bites her nails.** 彼女は爪を噛む。

**He often picks at his scabs.** 彼はよくかさぶたをはがす。

　爪やかさぶたは体の一部なので、the nails/the scabs ではなく、my nails/my scabs などと言います。


**I got sloshed at the bar again.** またバーで泥酔しちゃった。

**Don't make a chomping noise when you eat.**
クチャクチャ音を立てて噛まないで。

**Don't talk with your mouth full.**
食べながらしゃべるのをやめて。

**You're fidgeting again.** また貧乏ゆすりしてるよ。

　こんなふうに相手を注意してもいいと思います。

**Close your mouth when you eat.** 口を閉じて食べて。


　みなさんいかがでしたか。この中に自分の癖はありましたか？　困ったことに僕は 5 つも当てはまっていました。

## 「悪い癖」のフレーズ

**That's a bad habit.**　それは悪い癖だよ。

**Don't get into bad habits.**　悪い癖を身につけないで。

**It is difficult to break a bad habit.**
悪い癖を直すのは大変だ。

**I often pick my nose.**　僕はよく鼻をほじる。

**Don't sniffle.**　鼻をすするのをやめて。

**Don't burp in front of people.**　人前でげっぷしないでよ。

**Don't slurp your soup.**　音を立ててスープをすすらないで。

**He rests his elbows on the table when he eats.**
彼はテーブルに肘をついて食事をする。

**She bites her nails.**　彼女は爪を噛む。

**He often picks at his scabs.**
彼はよくかさぶたをはがす。

**I got sloshed at the bar again.**
またバーで泥酔しちゃった。

**Don't make a chomping noise when you eat.**
クチャクチャ音を立てて噛まないで。

**Don't talk with your mouth full.**
食べながらしゃべるのをやめて。

**You're fidgeting again.**  また貧乏ゆすりしてるよ。

**Close your mouth when you eat.**  口を閉じて食べて。

THEME

# ずる賢い

キツネ
みたいな人に
気をつけて

　賢くても、その知恵を悪いことに使う人を「ずる賢い人」と言いますね。

　英語圏で「ずる賢い人」は、よくキツネを連想させます。イソップ物語には、計算高くてずる賢いキツネがよく出てきますね。実際、英語では「キツネのような」を意味するfoxyが、ずる賢い人に対して使われています。しかし、foxyという形容詞より、以下の単語のほうをよく耳にします。

## 利益のために汚い手を使う人

　cunningとcraftyは、自分の利益のために汚い手を使う人に使われています。日本語では、試験を受けるときに不

正行為をすることを「カンニング」と言いますが、英語ではこのように使いません。

**Be careful of Jessica. She is a cunning woman.**
ジェシカに気をつけて。彼女はずる賢い女性だよ。

**He is a crafty young man. Don't let him charm you.**
彼はずる賢い青年だから、引っかからないように気をつけて。

## 悪だくみ

　仕事の場面でも「ずる賢い」は使えますね。たとえば、腹黒い計画を作る場合、devious という形容詞がいいです。devious はよく plan と一緒に使い「腹黒い計画」「悪だくみ」という意味になります。

**We have to come up with a devious plan to thwart our competitor.**
私たちは競合を妨害するために、腹黒い計画を考えないといけない。

## 抜け目のない

　政治力があることも「ずる賢い」と言えます。たとえば、あまり人気のない法案を通すには、ずる賢い方法が必要ですね。この場合、shrewd という英語がいいと思います。

shrewdにネガティブな意味は含まれず、「抜け目のない」という日本語に似ているでしょう。

**If we want to pass this bill, we are going to have to come up with a shrewd plan.**

この法案を通したければ、抜け目のない計画を作らないといけない。

## 巧妙に相手を操る人

狡猾な性質がある人にはslyが使えます。「キツネみたいに狡猾な」を意味するas sly as a foxというフレーズはよく耳にします。また巧妙に相手を操る人は、よくslyと呼ばれています。

**My boss is so sly. He gets all the staff to do overtime.**

私の部長はずる賢い。彼はみんなに残業させている。

## 狡猾で油断ならない人

trickyは狡猾な人やずる賢い人だけではなく、油断のならない、やりにくい仕事に対しても使えます。たとえば、平均台を歩くのはtrickyです。

Watergate事件で辞任したRichard Nixonというアメリカの大統領のニックネームはTricky Dickyでした。なぜ

「性格」を伝える

なら、DickはRichardの愛称でNixonはずる賢い政治家だったからです。

**He's a tricky opponent. Just when you think you're winning, he does something surprising.**
彼はずる賢い相手だ。勝ちそうになったと思った瞬間に、彼は何か驚くようなことをする。

## 「ずる賢い」のフレーズ

**Be careful of Jessica. She is a cunning woman.**
ジェシカに気をつけて。彼女は**ずる賢い**女性だよ。

**He is a crafty young man. Don't let him charm you.**
彼は**ずる賢い**青年だから、引っかからないように気をつけて。

**We have to come up with a devious plan to thwart our competitor.**
私たちは競合を妨害するために、**腹黒い計画**を考えないといけない。

**If we want to pass this bill, we are going to have to come up with a shrewd plan.**
この法案を通したければ、**抜け目のない**計画を作らないといけない。

**My boss is so sly. He gets all the staff to do overtime.**
私の部長は**ずる賢い**。彼はみんなに残業させている。

**He's a tricky opponent. Just when you think you're winning, he does something surprising.**
彼は**ずる賢い**相手だ。勝ちそうになったと思った瞬間に、彼は何か驚くようなことをする。

THEME

# オタク

電車オタクは
世界共通⁉

　最近、英語圏でもotakuという単語が使われるようになりました。日本語の「オタク」は、ある分野に詳しい人や何かに凝っている人を言うので、オタクの対象範囲は広いですが、英語圏のotakuは「アニメなどの日本文化」に限定されます。

　日本語のオタクのように、引きこもりや根暗などのネガティブなイメージはなく、ある分野に詳しい、というポジティブなイメージです。

## 何かのマニア

「マニア」という意味でオタクを表現したいなら、nerdと

いう単語がいいと思います。nerdはもともと「パソコンのオタク」という意味でしたが、最近ではいろんなマニアに使います。

**I'm a wine nerd myself. I love collecting French vintages.**
私はワインのオタクだよ。フランスのビンテージを収集するのが好きなんだ。

geekという単語はnerdの意味にとても似ていて、何かのマニアをさします。特にテクノロジーに対して興味がある人に使われています。

**In high school, all the geeks liked Star Trek.**
高校では、すべてのオタクはスター・トレックが好きだった。

nerdとgeekを形容詞として使いたい場合、nerdyやgeekyと言えます。

**My brother is really nerdy. He spends all day on the computer.**
私の兄は超オタクだよ。一日中パソコンを使ってる。

「性格」を伝える

## イギリスの電車オタク

イギリスでは、anorak という言葉を使います。アノラックは雨のときに着る服ですが、イギリスの電車オタクは雨が降っても、アノラックを着て長い時間座って電車を見ているので、オタクはイギリスでanorak と言えます。

**My boyfriend is a bit of an anorak, but he's so much fun.**
**私の彼氏はちょっとオタクだけど、めちゃ面白い人だ。**

## 健康オタク

最近「健康オタク」というフレーズをよく耳にするでしょう。英語ではhealth nut と言います。nut は「木の実」という意味ですがマニアにも使えます。

**I am a health nut. I am always taking health supplements.**
**私は健康オタクだよ。健康サプリメントをいつも飲んでいる。**

## 「オタク」のフレーズ

**I'm a wine nerd myself. I love collecting French vintages.**

私はワインの**オタク**だよ。フランスのビンテージを収集するのが好きなんだ。

**In high school, all the geeks liked Star Trek.**

高校では、すべての**オタク**はスター・トレックが好きだった。

**My brother is really nerdy. He spends all day on the computer.**

私の兄は超**オタク**だよ。一日中パソコンを使ってる。

**My boyfriend is a bit of an anorak, but he's so much fun.**

私の彼氏はちょっと**オタク**だけど、めちゃ面白い人だ。

**I am a health nut. I am always taking health supplements.**

私は健康**オタク**だよ。健康サプリメントをいつも飲んでいる。

COLUMN

# 血液型で
# 食べるべき物を考える


　アメリカ人は血液型で摂取すべき食べ物を考えますが、日本人のように性格診断をすることはありません。英語で血液型について話してみましょう。

　アメリカでは、もしあなたがO型なら、乳製品と穀物類は避けたほうがよいです。説明としては、O型はもっとも古くから存在する血液型なので、人類の食事として登場して比較的まだ新しい乳製品や穀物類に体が順応していないというものです。

　A型の人は肉類の摂取やフルーツ類、野菜類、豆類や穀物類の過剰摂取を、B型の人はトマト、小麦、トウモロコシや鶏肉類を避けるべきだといわれています。

　また、AB型の人は豆腐、魚介類、乳製品は摂取すべきで、アルコール類とカフェインは避けるべきだといわれています。AB型はもっとも近年に出現した血液型なので、乳製品の摂取に適応していると考えられています。

　僕が日本で血液型を聞かれて間もない頃、人々は僕の食事に関心があるのだろうと思っていました。しかし、しばらく

してから、日本では血液型を性格や相性と結びつけて考えているということに気がつきました。

## 相手の血液型を聞く

英語で血液型を聞くなら、こう言えば大丈夫です。

**What is your blood type?** （あなたの血液型はなんですか？）

英語で血液型は blood type です。しかし、ネイティブが自分の血液型を知らなかったとしても驚かないでください。日本ではほとんどの人が知っていますが、多くの外国人は自分の血液型を知りません。

僕も自分の血液型は知らなかったため、テストをして O 型と判明しました。僕の特徴と照らしてもよく当たっていると思います。なぜなら僕は大変大雑把ですし、加えて乳製品は体にあまりよく合わないようです。

## 自分の血液型を言う

自分の血液型を言いたいときには、こう言います。

**My blood type is O.** （私は O 型です。）

**His blood type is B.** （彼の血液型は B 型です。）

「私は AB 型です」と言うには、"I'm AB blood type." よりも、"My blood type is AB." のほうが自然ですね。

**Do you know your blood type?**

（自分の血液型を知っていますか？）

**We have the same blood type.**

（僕たちは同じ血液型だよ。）

**My girlfriend is always changing her mind. I think it's because her blood type is AB.**

（私の彼女はいつもころころ気が変わるんだ。AB型だからだと思う。）

**I'm not compatible with people whose blood type is O.**

（O型の人とはあまり合わないんだ。）

第 5 章

# 表現力
# を上げる英語

THEME

# そろそろ

それとなく
急いでいると
伝えよう

　日本語を勉強している外国人にとって、日本語の擬態語はとても面白いと思います。英語には似ている言葉がないので、うらやましく思っている外国人もたくさんいます。英語で「そろそろ」を表現するには、わりとベーシックな単語しかありません。

　時間が迫っていてそろそろ何かをしたいときには、it's time to という英語をよく使います。

**It's time to get ready to go.**
そろそろ出かける準備をしなきゃ。

　it's time to に nearly や almost をつけるネイティブは多い

です。これは、it's time to の意味と大して変わらないのですが、「後少しで」というニュアンスを強調します。

**It's almost time to go!　そろそろ出かけなきゃ！**

## その状態になろうとしている

「歳をとっている」を意味する "I'm getting old." のように、get を進行形にすると、「その状態になろうとしている」という変化の様子を表すことができます。

**I'm getting to an age when I have to get married.**
**そろそろ結婚しなきゃいけない年齢だ。**

## ほとんど○○

「ほとんど」を意味する almost と nearly も「そろそろ」を表現します。

　時間を表す言葉と一緒によく使います。「そろそろ9時だ」を表現したい場合、"It's almost 9." と言えます。

**It's nearly 12 o'clock. I have to go to bed.**
**そろそろ12時だ。ベッドに行かなきゃ。**

## 「そろそろ○○しなきゃ」

gottaは（have）got toを口語体にしたカジュアルな英語です。そのため学校ではあまり教わらないかもしれません。

gotta goや"I got to get going."は、文字通り「行かなければならない」になります。しかし、これは帰ろうと決めたときに使うフレーズなので、「そろそろ」に似ていると思います。

イギリスでは、"I have to get going."とよく言います。

**I gotta go.** 行かなきゃ。

**I gotta get going.** そろそろ行きましょう。

## 「もうすぐ」

soonは「もうすぐ」という意味ですが、後少しで何かが起こるときには「そろそろ」に似ています。

**Our son is coming home soon.**

私たちの息子はそろそろ帰る。

## 「そろそろ」のフレーズ

**It's time to get ready to go.**
そろそろ出かける準備をしなきゃ。

**It's almost time to go!** そろそろ出かけなきゃ！

**I'm getting to an age when I have to get married.**
そろそろ結婚しなきゃいけない年齢だ。

**It's nearly 12 o'clock. I have to go to bed.**
そろそろ12時だ。ベッドに行かなきゃ。

**I gotta go.** 行かなきゃ。

**I gotta get going.** そろそろ行きましょう。

**Our son is coming home soon.**
私たちの息子はそろそろ帰る。

THEME

# やっぱり

改めて
よさを伝える
さまざまな
表現8つ

　日本に長く住んでいる外国人同士が英語で話す際、よく日本語の単語を会話に入れます。その中でも一番多く使われているのは、「やっぱり」でしょう。「やっぱり」の意味は、英語でそれほど簡潔に表現できないからです。

　とはいえ、英語で「やっぱり」を表現するなら、just as に I thought/imagined/expected をつけるといいでしょう。想像や期待通りに何かが起こったときに使えます。

**A：It turns out that James was lying the whole time.**
　ジェームズはずっと嘘をついていたみたいだ。

**B：Ahh. Just as I thought.**
　ああ。やっぱりね（思った通りだ）。

表現力を上げる英語

**The mountains of Japan are beautiful. They are just as I imagined them to be.**

（期待した通り）やっぱり日本の山は綺麗だ。

**Just as I expected, my girlfriend didn't come.**

（想像した通り）やっぱり彼女は来なかった。

　前からビールはプレモルが美味しいと思っていた人が、改めてそう思ったときには、こう言うといいでしょう。

**Just as I thought, The Premium Malt's is delicious.**

（思った通り）やっぱりビールはプレモルが美味しい。

## 結局の「やっぱり」

　レストランで、最初はハイボールをお願いしたのに気分が変わってビールに変更したいときは、こう言うといいでしょう。

**I'll have a beer after all.**　やっぱりビールで。

## 驚かないときの「やっぱり」

　surprisinglyは「驚くほど」という意味ですが、unsurprisinglyにすると「意外ではない」になります。これも「やっぱり」として使われます。

**Unsurprisingly, my boyfriend forgot our anniversary.**
やっぱり、彼氏は私たちの記念日を忘れた。

## 昔と同じの「やっぱり」

　昔から変わらずに何かが素晴らしかったり、ひどかったりしたときにも「やっぱり」と言いますね。この場合はstill がいいです。

**I still think this is a great song.**
やっぱりこの曲は（昔と変わらずに）素晴らしい。

## 後悔したときの「やっぱり」

　次は、後悔を表現する「やっぱり」を見てみましょう。ネイティブはよく should have を使います。これは「〜したほうがよかった」という日本語に似ています。

**I should have bought it.**
やっぱりそれを買えばよかった。

**I shouldn't have broken up with him.**
やっぱり彼と別れなければよかった。

表現力を上げる英語

## 一言で「やっぱりね」と言うなら

「やっぱりね」とだけ言いたい場合は、役立つ英語がたくさんあります。

typical は「典型的な」という意味ですが、思った通りに誰かがイヤなことをしたときにも typical と言えます。

A：Frank is late for the meeting again.
フランクがまたミーティングに遅刻している。

B：Typical! やっぱり！

"I knew it." は「すでに知っている」という意味です。knew は know の過去形ですね。

A：I love that movie. その映画が大好きだ。

B：I knew it. It's just the type of movie you would like.
やっぱりね。こういう映画好きだよね。

## 「やっぱり」のフレーズ

A: It turns out that James was lying the whole time.
ジェームズはずっと嘘をついていたみたいだ。

B: Ahh. Just as I thought.
ああ。**やっぱりね**（思った通りだ）。

---

The mountains of Japan are beautiful. They are just as I imagined them to be.
（期待した通り）**やっぱり**日本の山は綺麗だ。

---

Just as I expected, my girlfriend didn't come.
（想像した通り）**やっぱり**彼女は来なかった。

---

Just as I thought, The Premium Malt's is delicious.
（思った通り）**やっぱり**ビールはプレモルが美味しい。

---

I'll have a beer after all.　**やっぱりビールで。**

---

Unsurprisingly, my boyfriend forgot our anniversary.
**やっぱり**、彼氏は私たちの記念日を忘れた。

---

I still think this is a great song.
**やっぱり**この曲は（昔と変わらずに）素晴らしい。

---

I should have bought it.
**やっぱり**それを買え**ば**よかった。

---

I shouldn't have broken up with him.
**やっぱり**彼と別れ**なければ**よかった。

A : Frank is late for the meeting again.

フランクがまたミーティングに遅刻している。

B : Typical! やっぱり!

A : I love that movie. その映画が大好きだ。

B : I knew it. It's just the type of movie you would like.

やっぱりね。こういう映画好きだよね。

THEME

# せっかく

残念な思い
を伝える
5つの表現

　自分の頑張りや苦労が台無しにされたとき、その残念な思いを伝えるために、「せっかく」はとても役に立つ単語ですね。
　英語では、苦労の度合いを表現するために、よくallを使います。allは形容詞で、「all＋冠詞/指示代名詞＋名詞」というパターンになります。

**I made all this delicious food, but now because of this stupid fight it's all come to nothing.**
せっかくおいしい料理を作ったのに、つまらないケンカのせいで台無しになった。

表現力を上げる英語

**I put on all this makeup, but we ended up just going to a café.**

せっかく化粧したのに、結局カフェに行った。

　長い旅をした場合は、all the way というフレーズがいいです。

**I went all the way to LA to see you, but you weren't even there.**

あなたに会うためにせっかくロスまで行ったのに、あなたはいなかった。

## 「めったにない」

　めったにないことにも「せっかく」と言うことができます。このときは、rare をよく使います。

**You wasted a rare chance.**

君はせっかくのチャンスを無駄にした。

　rare に ly をつけると「めったにない」を意味する副詞になります。

**We rarely ever get days off. We should go somewhere.**

せっかくの休日なんだから。どこか行こうよ。

179

## 丁寧に断る

　また、相手に失礼のないように何かを断る場合も、「せっかく」を使うでしょう。

　この場合、英語では thank you for というフレーズを使います。

A：Do you want to go hiking with me tomorrow?

　明日一緒にハイキングをしない？

B：Thank you for inviting me, but I've got work.

　せっかくだけど、仕事があるんだ。


　I appreciate というフレーズも使えます。

I appreciate the invitation, but I have a dental appointment.

せっかくのお誘いで嬉しいのですが、歯医者に行く予定があります。

## 「せっかく」のフレーズ

**I made all this delicious food, but now because of this stupid fight it's all come to nothing.**

せっかくおいしい料理を作ったのに、つまらないケンカのせいで台無しになった。

**I put on all this makeup, but we ended up just going to a café.**

せっかく化粧したのに、結局カフェに行った。

**I went all the way to LA to see you, but you weren't even there.**

あなたに会うためにせっかくロスまで行ったのに、あなたはいなかった。

**You wasted a rare chance.**

君はせっかくのチャンスを無駄にした。

**We rarely ever get days off. We should go somewhere.**

せっかくの休日なんだから。どこか行こうよ。

**A : Do you want to go hiking with me tomorrow?**

明日一緒にハイキングをしない?

**B : Thank you for inviting me, but I've got work.**

せっかくだけど、仕事があるんだ。

**I appreciate the invitation, but I have a dental appointment.**

せっかくのお誘いで嬉しいのですが、歯医者に行く予定があります。

THEME

# など

ニュアンスが
全然違う
「など」の
英語6つ

　and so on は、「など」の訳として有名です。多くの場合、話し手がたくさんのことをリスト化するときに使います。

**For breakfast, I had bacon, eggs, toast and so on.**
**朝ご飯にベーコン、卵やトーストなどを食べた。**

　ただし、これはフォーマルな表現なので、会話ではあまり使われていません。代わりに and things like that や and stuff like that という英語をよく耳にします。stuff は things よりインフォーマルな英語です。

**A：What do I need to bring for the trip?**
　　**旅には、何を持っていくといいですか？**

表現力を上げる英語

B：Why don't you bring books, magazines and things like that.

雑誌、本などを持っていったら、どうですか？

「など」の内容が動詞の場合、同じ意味でdo stuff like -ing という表現もあります。

On the weekends I do stuff like hiking, biking, and playing tennis.

週末に、ハイキング、自転車、テニスなどをするのが好き。

## 文章で使う etc.

　文章では、etc. も使います。リストを書いた後につけます。比較的フォーマルな英語で、et cetera というラテン語の略です。

Recently, we have had problems with our servers, routers, etc.

最近、サーバー、ルーターなどの問題がありました。

## つまらないことを並べるとき

　etc.は口語では使いませんが、et cetera, et cetera は耳にします。つまらないリストを言って、すべてを言いたく

ない場合、このフレーズを使います。 この使い方は、フォーマルではありません。

**I had the usual for breakfast — eggs, bacon, et cetera, et cetera.**
朝ご飯はいつもどおりだったよ ——卵、ベーコン、などなど。


blah, blah, blah も同じように使われています。

**I didn't do anything interesting last night — went out to eat, saw a movie, blah, blah, blah.**
昨日の夜は面白いことを何もしなかった ——外食したり、映画を見たり、などなど。

## 「など」のフレーズ

**For breakfast, I had bacon, eggs, toast and so on.**

朝ご飯にベーコン、卵やトースト**など**を食べた。

---

**Milk, eggs and so on are sold there.**

あそこでは牛乳、卵**など**が売られています。

---

A : **What do I need to bring for the trip?**

旅には、何を持っていくといいですか？

B : **Why don't you bring books, magazines and things like that.**

雑誌、本**など**を持っていったら、どうですか？

---

**On the weekends I do stuff like hiking, biking, and playing tennis.**

週末に、ハイキング、自転車、テニス**など**をするのが好き。

---

**Recently, we have had problems with our servers, routers, etc.**

最近、サーバー、ルーター**など**の問題がありました。

---

**I had the usual for breakfast — eggs, bacon, et cetera, et cetera.**

朝ご飯はいつもどおりだったよ ── 卵、ベーコン、**などなど**。

---

**I didn't do anything interesting last night — went out to eat, saw a movie, blah, blah, blah.**

昨日の夜は面白いことを何もしなかった ── 外食したり、映画を見たり、**などなど**。

185

THEME

# いっぽうで

2つの側面を
伝える
便利な表現5つ

「いっぽうで」を英語にするとき、多くの日本人がon the other handを選びます。これは「いっぽう」の意味を表すには適切ですが、たまに、この表現を使いすぎる日本人の論文を見ます。

おそらく日本語では「いっぽう」を頻繁に使っても短い単語なのでそれほど気になりませんが、英語のon the other handは長いフレーズなので、しょっちゅう使うと少し目立ちます。

ここでは、よく使ってもうるさくない、ほかのフレーズをリストアップします。

それは、meanwhile/conversely/however/still/yetです。

表現力を上げる英語

## 同時に

meanwhile は話を変えるときに使いますが、「同時に」というニュアンスも入っています。意味は、at the same time に近いです。

**The economy is going from strength to strength. Meanwhile, the death rate continues to decline.**

経済はますます強力になっている。いっぽうで、死亡率は低下し続けている。

## 逆に、反対に

conversely には、「逆に」や「反対に」というニュアンスがあります。反対の意見を言うときによく使います。比較的フォーマルな英語です。

**Conversely, a new site called "Foursquare" is also getting attention.**

いっぽうで、Foursquare という新しいサイトも人気を呼んでいる。

however と still は、文頭で使うと conversely と同じ逆接の働きをします。この2つはわりと堅い印象があります。

**However**, employees who often wear suits are more likely to be promoted.

いっぽうで、スーツをよく着る会社員はより昇進しやすいそうです。

　yetを使うときは、区切りをつけず、文頭にそのままつなげます。howeverとstillよりも逆接のニュアンスが強いです。

**Yet** in some nations, due to extreme poverty, there is not even clean water.

そのいっぽうで、深刻な貧困のために、きれいな水さえ飲めない国もあります。

## 「いっぽうで」のフレーズ

**The economy is going from strength to strength. Meanwhile, the death rate continues to decline.**

経済はますます強力になっている。いっぽうで、死亡率は低下し続けている。

---

**Conversely, a new site called "Foursquare" is also getting attention.**

いっぽうで、Foursquareという新しいサイトも人気を呼んでいる。

---

**However, employees who often wear suits are more likely to be promoted.**

いっぽうで、スーツをよく着る会社員はより昇進しやすいそうです。

---

**Yet in some nations, due to extreme poverty, there is not even clean water.**

そのいっぽうで、深刻な貧困のために、きれいな水さえ飲めない国もあります。

THEME

# いくらなんでも

何があっても
無理？
大丈夫？

「いくらなんでも」を使うとき、後ろに「ない」「できない」「すぎる」という言葉が続くことが多いでしょう。「ない」が続く場合は否定なので、強い否定を意味する there is no way という英語がぴったりです。

**There is no way you can wear clothes like that.**
いくらなんでもその格好はないよ。
**There is no way I can read this book in a day.**
いくらなんでも1日でこの本は読み切れないよ。

　there is no way は文字通りに「絶対に方法はない」という意味ですが、通常「ありえない」や「無理だ」という意味で使います。

表現力を上げる英語

## お役立ちフレーズ no matter

no matter もとても役に立つフレーズです。

no matter と what the reason を組み合わせると、「どんな理由があっても」という意味になります。

**No matter what the reason, that kind of behavior is inappropriate.**

どんな理由があっても、そんな行動は不適切だよ。

no matter と what を組み合わせると、「何が起きても」という意味になります。

**No matter what, I'll always be with you.**

何が起きても、ずっと一緒にいるよ。

whatever the reason というフレーズも「どんな理由があっても」を表現します。これは否定文でよく使います。

**Whatever the reason, I wouldn't trust her.**

どんな理由があっても、私は彼女を信用しないよ。

この 3 つのフレーズは、肯定文でも否定文でも使うことができます。

## 丁寧な表現

しかし、これらは少しくだけた英語なので、より丁寧に表現したい場合は、couldn't possibly という英語がよいでしょう。

**You couldn't possibly wear clothes likes that.**

いくらなんでもその格好はないです。

**I couldn't possibly read this book in a day.**

いくらなんでも1日でこの本は読み切れません。

## いくらなんでも～すぎる

way too というフレーズがいいと思います。この場合のwayは名詞の「道、方法」ではなく、tooを強める副詞となります。

**This car is way too slow!**

いくらなんでもこの車は遅すぎる！

## 「いくらなんでも」のフレーズ

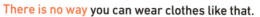

**There is no way** you can wear clothes like that.

いくらなんでもその格好はないよ。

**There is no way** I can read this book in a day.

いくらなんでも1日でこの本は読み切れないよ。

**No matter what the reason**, that kind of behavior is inappropriate.

どんな理由があっても、そんな行動は不適切だよ。

**No matter what**, I'll always be with you.

何が起きても、ずっと一緒にいるよ。

**Whatever the reason**, I wouldn't trust her.

どんな理由があっても、私は彼女を信用しないよ。

You **couldn't possibly** wear clothes likes that.

いくらなんでもその格好はないです。

I **couldn't possibly** read this book in a day.

いくらなんでも1日でこの本は読み切れません。

This car is **way too** slow!

いくらなんでもこの車は遅すぎる!

COLUMN

# 同音異義語のおやじギャグ

　英語には、発音は同じでもスペルが違う単語がたくさんあります。これらの単語は英語でhomophoneと言います。ラテン語に由来していて「同音異義語」という意味です。

　たとえば、「天気」を意味するweatherと「〜かどうか」を意味するwhetherは同音異義語です。

　僕は小学校のころ、これらのスペルによく混乱してしまいました。たとえば「今日はいいお天気ですね」と書こうとして、whetherを書いてしまうのです。ネイティブの小学生はよくこういう間違いをしますが、日本人はあまりしないようなので驚きます。

　他に、よく耳にするものは以下の通りです。

boy（男の子）・buoy（浮標、救命袋）
male（男性）・mail（メール）
right（正しい、右）・write（書く）

　英語の冗談には、よく同音異義語が使われます。子供が好

きな冗談に多いです。たとえば、

A：What do you call a deer with no eyes?

（目がない鹿は、なんと言うでしょうか?）

B：No eye deer. （目がない鹿。）

これは no eye deer に no idea をかけた冗談ですね。


A：What is a Christmas gift's favorite type of music?

（クリスマスのプレゼントが一番好きな音楽はなんでしょうか?）

B：Wrap. （ラップ。）

これは、「包む」を意味する wrap にヒップホップの「ラップ」を意味する rap をかけています。


A：What did the chess piece say before bed?

（寝る前にチェスの駒はなんと言ったでしょうか?）

B：Knight knight. （おやすみ。）

これは、「夜」を意味する night に「騎士、駒」を意味する knight をかけています。


A：What's black and white and red all over?

（一面が黒くて白くて赤いものはなんでしょうか?）

B：A newspaper! （新聞だ!）

これは、red（赤）に read の過去形をかけています。すると、もう 1 つの解釈で聞くこともできます。

## What's black and white and read all over?

（黒くて白くて、どこでも**読まれている**ものはなんでしょうか?）

　日本でも、おやじはよく同音異義語で冗談を言っていますね。僕が好きな冗談は「布団が吹っ飛んだ」と「豚がぶった」の 2 つです。

COLUMN

# ネイティブらしくなる
# 自問自答の使い方

　ネイティブは、会話やメールの中で、よく自分に質問をして自分で答えるということをします。

　この自問自答が上手にできると、英語の表現力がぐんと高まると思います。ただし、使いすぎると、相手に偉そうな印象を与えてしまうかもしれないので気をつけましょう。

　ちなみに英語で「自問自答」を何と言うのかさんざん考えた挙句に、asking oneself a question という不満足な英訳しか思いつきませんでした。せめて英語にも四字熟語があったらよかったのに。

　自問自答をするとき、よく so から文を始め、自分の質問に答えるときには well をよく使います。

**So**, what is it that I do?　**Well**, in actual fact, I'm an English teacher.

（**さて**、私は何をしている人でしょう？　**そう**、実を言うと、私は英語の教師です。）

　"My job is teaching English." と同じ意味になりますね。

in actual fact という英語は、聞き手の予想とちがうことを言うときに使います。

**So** what is the best thing for us to do in this situation? **Well**, it's my recommendation that we strike first and make our competitors play catch-up!
（さて、この状況で、僕たちは何をするのが一番いいでしょうか？ そう、最初に仕掛けて、競合に巻き返しを図るのが僕のおすすめですよ！ play catch-up ＝ 巻き返しを図る）

so the question is という表現も使えます。
**So the question is** what are we all doing on this tiny planet whizzing around a sun?  My answer?  To be honest, I don't actually have one.
（さて問題は、私たちはみんな太陽の周りを飛んでいるこの小さい惑星で何をしているのか、ということです。僕の答え？ 正直に言うとありません。be doing ＝ している）
　通常 the sun と言いますが、ここでは、話し手は地球を客観的に見ているため a sun と言っているのです。

　自分のことをもっと理解したいときには、こんな自問自答がぴったりでしょう。特に日記で役立つと思います。

**How exactly** have I managed to get myself into this mess? **Quite frankly**, I have absolutely no idea.

（**一体どうして**、このトラブルに巻き込まれてしまったのでしょうか？ **正直に言うと**、僕は全然見当がつかないのです。manage to 〜 = 思いがけず〜してしまう）

　howだけよりもhow exactlyにしたほうが、質問に焦りを感じさせます。同じくquite franklyはfranklyだけよりも、答えを強調しています。

COLUMN

# bow-wow以外の
# 犬の鳴き声8

　犬の鳴き声を表す言葉は、英語と日本語で大分違います。ここではいろいろな英語の擬音語を紹介してみます。

　まず、barkという言葉を見てみましょう。これは一番多く使われている一般的な犬の鳴き声で、動詞としても使えます。たとえば、

**Dogs bark when they are excited, and they bark when they are scared.**

（犬は興奮しているときも怖がっているときも**吠える**。）

　英語では、犬に関係のない話でも、以下のことわざをよく耳にします。

**One's bark is worse than one's bite.**

（口ほどには悪くない＝口は悪いが根は悪い人ではない。）

　つぎは、yelpという言葉です。これは「キャンキャン吠える」という意味になり、子犬によく使います。

**The puppy began to yelp when we shut it in the room.**

（子犬を部屋に閉じ込めたら、**キャンキャン吠える**ようになった。）

bow-wow は有名な犬の鳴き声ですが、実際はそれほど使いません。僕は童話や童謡以外でこの言葉を聞いたことがありません。

次は、woofです。これは「ワウワウ」のような鳴き声を表します。動詞としても使えます。

**The dog woofed because he was hungry.**

（犬はお腹が減ったので吠えた。）

名詞の場合は、woof を２回言います。

**The dog went woof woof.**　（犬はワウワウと吠えた。）

また、howlは狼によく使い、「遠吠えをする」という意味の動詞です。

**The wolves howled at the moon.**

（狼たちは月に向かって遠吠えをしました。）

犬が怒っているときはgrowlを使います。これは「唸る」という意味の動詞です。

ちなみに、growlは犬だけでなく、お腹の鳴る音に対しても使います。

**My stomach is growling.**　（お腹がグーグー鳴っている。）

犬が寂しそうに鳴くときは、whineを使います。「クンク

ンと鳴く」という意味になります。

**The dog is whining because we haven't let him into the house all day.**

（今日一日中家に入れて貰えなかったので、犬が**クンクン鳴いて**いる。）

　whine は犬に限らず、子供に対しても使うことがあります。しかし、子供の場合、「しつこく不平を言ってうるさい」というような意味になるため、子供に使うのは少しきつい言い方だと思います。

**That kid is always whining about food.**

（あの子はいつも食べ物のことについて**ごちゃごちゃ言って**いる。）

　yip は whine に似ていますが、1つの短い鳴き声のようなものです。たとえば、しっぽを踏まれた犬の鳴き声には yip がぴったりです。

第 6 章

# 「日本の文化」
を伝える

THEME

# おもてなし

日本の
いいところを
海外に
アピールしよう

　日本が東京オリンピックで世界にアピールしたいものの1つが「おもてなし」ですよね。滝川クリステルさんが「お・も・て・な・し」とプレゼンして以来、外国のメディアも、おもてなしについて言及することが多くなりました。「おもてなし」には、優しい心を持って人々を助けるという意味があると思います。その点では、cordialityという単語が近いでしょう。「ハート」を意味するラテン語が語源で、形容詞のcordialもよく使われています。

**It is important to be cordial to your guests.**
**お客様に優しい心を持って接することが大事です。**

「日本の文化」を伝える

welcomingという単語もあります。「いらっしゃいませ！」は "Welcome!" と訳すことができます。

**When I first came to Niigata, everyone was very welcoming.**

初めて新潟に来たとき、みんながとても温かく迎えてくれた。

また、お店やビジネスでお客に提供されるものは、customer service と言います。

**Japanese shops are famous for having excellent customer service.**

日本のお店はすぐれたおもてなしで有名です。

お店の方はいつも丁寧で、細かな気配りや綺麗な梱包は、素晴らしい日本のおもてなしだと思います。

でも、僕が日本にいて感じる最高のおもてなしは、お店やビジネス上のものではなく、一般の人々からのものが多いように思います。結局のところ、「おもてなし」とは対価を求めない提供を意味しているのでしょう。たとえば、街中で道を聞くと、日本の人々はとても親身に助けてくれます。僕が道を尋ねたある日本人は、目的地まで連れていってくれました。

大切なお客や友達に対する「おもてなし」は、英語では hospitality と呼ばれています。病院を意味する hospital の派生語というのが面白いですね。「おもてなし」を表現する最適な単語だと思います。

**Thank you so much for your hospitality today.**
**今日のご歓待にとても感謝しています。**


　日本のおもてなしは、世界でも最高レベルだと思いますが、外国人にとってはいまだに混乱させられるものでもあります。店員の「いらっしゃいませ!」に驚かされることもしばしば。

　僕の友人は、本で「日本の人々がお辞儀をしてきたら、低くゆっくりお辞儀を返すように」と読んで、閉店間際の伊勢丹で従業員みんなからお辞儀をされたため、一人ひとりにお辞儀を返したのだそうです。

## 「おもてなし」のフレーズ

**It is important to be cordial to your guests.**

お客様に優しい心を持って接することが大事です。

**When I first came to Niigata, everyone was very welcoming.**

初めて新潟に来たとき、みんながとても温かく迎えてくれた。

**Japanese shops are famous for having excellent customer service.**

日本のお店はすぐれたおもてなしで有名です。

**Thank you so much for your hospitality today.**

今日のご歓待にとても感謝しています。

THEME

# 絆

いろんな
つながりを
伝える
6つの表現

「絆」を英語にする場合、まずはそれがどのような絆なのかを考えます。「友情の絆」だとbondやbond of friendship、「家族や親戚との絆」はfamily tiesというフレーズを使います。

　family bondという英語も使われていますが、family tiesのほうが一般的です。家族や親戚は複数いる場合が多いのでtieにsをつけます。

「恋人間の絆」の場合は、bondをよく使い、「夫婦間の絆」の場合はtieをよく使うイメージがあります。「結婚する」を意味するtie the knotというフレーズがあるので、それに関係しているのかもしれませんね。

「日本の文化」を伝える

では、早速bondの使い方を見てみましょう。

**There was a close bond of friendship between them.**
彼らの間には強い友情の絆があった。

友情の場合、「兄弟みたい」を意味するlike brothersやlike sisters という英語もいいと思います。そのため、上記の例文は、よりシンプルに "They were like brothers." とも表せます。

日本語では、友人や家族、親戚だけではなく、国、国民、社員、クラスメイトなどに対しても「絆」という言葉を使いますね。英語ではこのような場合、よくbondを使いますが、特にcommon bondというフレーズが役に立つと思います。

**After the great earthquake, the common bond between the people of Japan grew stronger.**
大震災の後、日本国民の絆がさらに深まった。

動詞bind（結びつける）を受け身にした、be bound together（結びつけられている）もよく耳にしますが、これも「絆」の意味に似ていると思います。

**Britain and America are bound together by a common tongue.**
**イギリスとアメリカには同じ言語ならではの絆があります。**


　もし「絆を断つ」と言いたい場合は、break off all ties with というフレーズが近い意味になるでしょう。

**I decided to break off all ties with my ex-boyfriend.**
**私は元彼との関係を断とうと決めた。**

## 「絆」のフレーズ

**There was a close bond of friendship between them.**
彼らの間には強い友情の絆があった。

**After the great earthquake, the common bond between the people of Japan grew stronger.**
大震災の後、日本国民の絆がさらに深まった。

**Britain and America are bound together by a common tongue.**
イギリスとアメリカには同じ言語ならではの絆があります。

**I decided to break off all ties with my ex-boyfriend.**
私は元彼との関係を断とうと決めた。

THEME

# 日本が好きな
# 外国人

「オタク」から
「日本かぶれ」まで
英語で言える？

Japanophile は「日本の文化が好きな外国人」という意味です。同様に「イギリスの文化が好きな外国人」は Anglophile と言い、「フランスの文化が好きな外国人」は Francophile と言います。

phile の部分は「友達」を意味する古代ギリシャ語の philos に由来しています。「親日」という日本語に似ているでしょう。Japanophile は辞書には載っていませんが、一般的に使われている単語です。Lafcadio Hearn（ラフカディオ・ハーン、小泉八雲）は有名な Japanophile でしょう。

国名が入るので、常に頭文字は大文字になります。

「日本の文化」を伝える

A：I love Japanese novels and ukiyo-e prints.

　俺、日本の小説と浮世絵の版画が大好きなんだよね。

B：Actually, I'm a Japanophile myself.

　実は、私も日本大好きなの。

I've been to Japan 10 times, so as you can imagine I'm a Japanophile.

日本に10回行ったことがあるから、君の想像通り僕は親日家だよ。

## otaku の使い方

　英語のotakuは「日本のアニメ、漫画、ゲームなどにハマっている人」を表します。otakuには引きこもりなどのネガティブなイメージがないので、自分のことをotakuと言う外国人も多くいます。僕は去年渋谷で、首の後ろに「オタク」とカタカナのタトゥーを入れている外国人を見ました。

　英語のotakuはスラングです。先日、僕の親にotakuと言っても通じなかったので、まだそれほど一般的な英語ではないようです。

I'm a huge otaku. I'm completely obsessed with Japanese anime from the eighties.

私は超オタクだよ。80年代の日本のアニメにハマってるんだ。

**I had a competition with my friend to see who was the biggest otaku.**
僕は、友達とどちらがよりオタクっぽいかを競った。

## 日本かぶれ

　weeboにはネガティブなイメージがあります。日本人やotakuに憧れて、大して詳しくないのにアニメの話をしたり、日本語が好きと言いつつ「かわいい」や「さよなら」などの簡単な言葉しか言えないような人を表し、中途半端な感じがします。

　外国人のotakuは、よくこのような人たちに対して侮辱の意味を込めてweeboを使います。これは、日本で生まれた外国人やハーフには使いません。

　weeboは、新しい英語なので、若者しか使っていないでしょう。weeabooと書くネイティブもいます。

**Are you cosplaying as Naruto again? I bet Naruto is the only anime you've ever watched. You are such a weeaboo!**
またナルトのコスプレしてんの？　ナルト以外のアニメ知らないんだろ。お前は本当になんちゃってオタクだな！

「日本の文化」を伝える

My roommate is a complete weebo. He wears a happi everyday and says "sayonara" in a weird American accent to me.

僕のルームメイトは完全に日本かぶれだ。毎日はっぴを着て、変なアメリカ風アクセントで「さよなら」と言ってくる。

　日本が好きな人を表す英語がこれほどあるというのは、海外で日本の文化やアニメ、ゲームなどがとても人気だという証拠ですね。

## 「日本が好きな外国人」のフレーズ

**A : I love Japanese novels and ukiyo-e prints.**
俺、日本の小説と浮世絵の版画が大好きなんだよね。

**B : Actually, I'm a Japanophile myself.**
実は、私も**日本大好き**なの。

---

**I've been to Japan 10 times, so as you can imagine I'm a Japanophile.**
日本に10回行ったことがあるから、君の想像通り僕は**親日家**だよ。

---

**I'm a huge otaku. I'm completely obsessed with Japanese anime from the eighties.**
私は超**オタク**だよ。80年代の日本のアニメにハマってるんだ。

---

**I had a competition with my friend to see who was the biggest otaku.**
僕は、友達とどちらがより**オタク**っぽいかを競った。

---

**Are you cosplaying as Naruto again? I bet Naruto is the only anime you've ever watched. You are such a weeaboo!**
またナルトのコスプレしてんの？ ナルト以外のアニメ知らないんだろ。お前は本当に**なんちゃってオタク**だな！

---

**My roommate is a complete weebo. He wears a happi everyday and says "sayonara" in a weird American accent to me.**
僕のルームメイトは完全に**日本かぶれ**だ。毎日はっぴを着て、変なアメリカ風アクセントで「さよなら」と言ってくる。

THEME

# 桜・花見

なんで
桜には
サクランボが
ならないの？

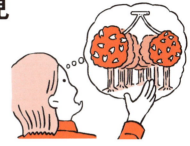

　春は、日本が世界に誇るべき桜の季節ですね。しかし、そんな美しい桜を知らないネイティブはまだ大勢います。どのような英語でその魅力を伝えられるのでしょうか。

　僕が数年前に住んでいた新潟県の町には、とても美しい桜の木がたくさんありました。その木々を初めて見たとき、まだ桜は咲いていなかったのですが、地元の人に"These are all cherry-blossom trees."と紹介してもらい、僕は「へぇ、まだサクランボはなっていないのか」と少しがっかりしたのを覚えています。のちに教えてもらうまで、その木々の前を通る度に「いつサクランボがなるのかな」と思って期待していました。

日本人にとって桜の木とサクランボの木が別物というこ
とは常識ですが、一部を除いたネイティブは、サクランボ
を知っていても桜は知りません。一部のネイティブとは、
ワシントンD.C.やカナダのバンクーバーに住んでいる人
たちです。そこには英語圏では珍しく桜の木があるので、
彼らはそれがサクランボの木ではないことを知っているで
しょう。

　桜の木をわかりやすい英語にするなら、冒頭にも出てき
たcherry-blossom tree、もしくはJapanese cherry-blossom
treeがいいでしょう。
　しかし、このフレーズを聞いても、僕のようにまだサク
ランボがなる木だと思ってしまう可能性は高いです。「サ
クランボはならない」ということもしっかり教えてあげた
ほうがいいでしょう。

**This is a cherry-blossom tree. However, this tree doesn't
produce any fruit.**
これは桜の木だよ。でも、この木に果物はならないよ。

「日本の文化」を伝える

## 桜と一緒に使うフレーズ

「桜の花」は cherry blossoms になります。cherry-blossom tree の blossom は形容詞の働きをするので s がついていません。

**This plate with the cherry-blossom pattern is really pretty!**
この桜の絵柄のお皿とっても可愛い！

「開花」は、bloom（咲く）という動詞で表せます。
**This year, the cherry trees are blooming early!**
今年は、桜の開花が早いね！

　余談ですが、blooming はイギリス英語だと、「超」のようなニュアンスになるので、blooming early は「超早い」という意味になります。

「満開」は、英語で fully out や in full bloom です。
**The cherry blossoms are fully out.**　桜の花が満開だ。

「散る」は fall か scatter になります。

**Because of all the rain yesterday, the cherry blossoms have fallen off.**
昨日の雨のせいで桜が散ってしまった。

「舞う」はflutterですが、通常、「風で」を意味するin the windと一緒に使います。flutterは蝶が羽ばたく様子を表します。

**The cherry blossoms are fluttering in the wind.**
桜の花びらが風で舞っている。

　最後に、演歌などでよく耳にする「花吹雪」や「桜吹雪」ですが、残念ながら似ている英単語はありません。しかし、このように言うことができます。

**A blizzard of pink blossoms filled the air.**
辺り一面ピンク色の花吹雪だ。

**I couldn't help but stare at the photo of a shower of falling cherry blossoms.**
桜吹雪の写真に目を奪われてしまった。

　いかがでしたか？　僕は桜とお酒とお弁当が大好きなので、開花宣言が待ち遠しい限りです。

## 「桜・花見」のフレーズ

This is a cherry-blossom tree. However, this tree doesn't produce any fruit.

これは**桜の木**だよ。でも、この木に**果物はならない**よ。

We went to a park full of Japanese cherry-blossom trees today. It was beautiful.

今日、僕たちは**桜の木**がたくさん生えている公園に行った。とても綺麗だった。

In springtime in Japan, lots of people like to go out and have picnics underneath cherry-blossom trees.

日本では春になるとたくさんの人が外に出て、**桜の木**の下でピクニックをする。

This plate with the cherry-blossom pattern is really pretty!

この**桜の**絵柄のお皿とっても可愛い!

This year the cherry trees are blooming early!

今年は桜の**開花**が早いね!

The cherry blossoms are fully out.　桜の花が**満開**だ。

The cherry-blossom trees are in full bloom, so now is the perfect time to go and see them.

桜が**満開**なので、今が花見をするのに最高のときだ。

Because of all the rain yesterday, the cherry blossoms have fallen off.

昨日の雨のせいで桜が**散って**しまった。

**The cherry blossoms are fluttering in the wind.**

桜の花びらが風で舞っている。

**A blizzard of pink blossoms filled the air.**

辺り一面ピンク色の花吹雪だ。

**I couldn't help but stare at the photo of a shower of falling cherry blossoms.**

桜吹雪の写真に目を奪われてしまった。

# THEME

# 紅葉

ニューイングランドは紅葉の名所

　春になると、日本の新聞には桜の開花情報が出るというのは知っていましたが、秋には紅葉の情報が出るということを最近まで知りませんでした。

　英語圏の紅葉の文化は日本ほど豊かじゃないと思いますが、秋に木から落ちてくる葉っぱを捕まえる風習があります。捕まえると、その次の年の同じ月が幸運になると言われているからです。これは、すでに落ちている葉っぱでは意味がありません。また、捕まえる葉っぱは1枚でいいとされています。そのため、英語圏の公園では、落ちる葉っぱを追っかける子供をよく見かけます。

　「紅葉(もみじ)」は英語でJapanese mapleと言いますが、mapleだ

けだと楓になります。同じ漢字でも読み方が違う「紅葉」は、一つの英単語で表すことができません。

　まずはturn redとturn yellowを紹介しましょう。この英語はとても簡単でよく耳にします。

**The maple leaves have turned a beautiful red.**
**楓が綺麗に紅葉した。**

**The leaves are already turning yellow.**
**木の葉はもう黄葉している。**

　beautifulなどの形容詞と色を一緒に使うときは、不定冠詞のaをつけるのを忘れないでください。


　次は、fall colorsとautumn colorsというフレーズを紹介します。2つとも意味は同じですが、秋はイギリスでautumnと呼ばれ、アメリカではfallと呼ばれているため単語が異なります。

　「秋の木の葉」を意味するautumn foliageというフレーズもあります。fall foliageと言うよりも美しい響きなので、アメリカでもよく使われています。

**Every year, I drive to New England to see the fall colors.**
**私は毎年紅葉を見るために、車でニューイングランドに行く。**

「日本の文化」を伝える

**Looking at all the beautiful autumn foliage here is such a treat.**
ここの美しい紅葉を見るのは本当に楽しい。

　楓の木がたくさんあるニューイングランドの紅葉は特に綺麗ですので、チャンスがあればぜひ見に行ってください。

　紅葉を見に行くことを「紅葉狩り」と言いますが、これは英語でどう表現するのでしょうか。アメリカ人とイギリス人は、日本人ほど紅葉狩りをしないと思いますが、ニューイングランドには紅葉狩りをする人が多くいます。

　今まで紅葉狩りを正確に訳すフレーズはありませんでしたが、最近leaf peepingというフレーズが使われるようになりました。新しくできた言葉なのでフォーマルな英語とは言えませんが、「紅葉狩り」の意味にぴったり合います。紅葉狩りをする人はleaf peepersと呼ばれています。

**If you go to the forests of New England in the fall, you will see many leaf peepers.**
秋にニューイングランドの森に行くと、たくさんの紅葉狩りをする人を見かけます。

## 「紅葉」のフレーズ

**The maple leaves have turned a beautiful red.**
楓が綺麗に紅葉した。

**The leaves are already turning yellow.**
木の葉はもう黄葉している。

**Every year, I drive to New England to see the fall colors.**
私は毎年紅葉を見るために、車でニューイングランドに行く。

**Looking at all the beautiful autumn foliage here is such a treat.**
ここの美しい紅葉を見るのは本当に楽しい。

**If you go to the forests of New England in the fall, you will see many leaf peepers.**
秋にニューイングランドの森に行くと、たくさんの紅葉狩りをする人を見かけます。

COLUMN

# 海外にない文化「忘年会」

　12月になると、日本と同様にアメリカやイギリスでは会社のパーティーがあります。しかし、「忘年会」というものはないので、これを英語にするのは難しいです。訳すならend-of-year party/year-end partyがいいでしょう。しかし、この言葉はアメリカやイギリスではあまり使われていません。

　通常、アメリカやイギリスでは、Christmas partyやNew Year partyが行われます。しかし、ネイティブに「忘年会はChristmas partyですよ」と言うと、ネイティブはクリスマスツリーなどを期待してしまいます。

　また、「忘年会はNew Year partyですよ」と言うと、なぜこのNew Year Partyは31日じゃないのかと思ってしまいます。

　それで、先ほど紹介したyear-end partyやend-of-year partyの訳が一番いいでしょう。

　最近、アメリカやイギリスでは、クリスマスパーティーは

ユダヤ教徒やイスラム教徒に失礼と思う人が増えていて、Christmas party を holiday party などと呼ぶようになりました。ですので、忘年会を holiday party と訳してもよいかもしれません。

　また、単純に bounenkai と言って、その忘年会の意味を説明するのは一つの手ですね。

A "bounenkai" is a party where we say farewell to the past year.

（忘年会というのは、今年にさよならと言うパーティーです。）

A "bounenkai" is a drinking party where we begin to forget about the problems in this past year and look forward to the new year.

（忘年会というのは、今年あった問題を忘れて、来年を楽しく迎えようとする宴会です。）

A "bounenkai" is a party where we forget about the troubles and tiredness of the past year.

（忘年会は今年の苦労や疲れを忘れるパーティーです。）

A "bounenkai" is a party at the end of the year where we get really drunk and have fun.

（忘年会というのはみんながとても酔って盛り上がる年末のパーティーです。）

COLUMN

# 「神社」と「お寺」の
# 間違った英語

　僕が日本に住み始めたばかりの頃、地元の人から日本語の
「神社」と「お寺」を教わりました。
「神社はshrine、お寺はtempleだよ」と言われ、「へぇ、
そうなんだ」と思っていましたが、日本にいればいるほどそ
の英語の使い分けに違和感を覚えるようになりました。
　通常、英語でshrineと言ったら、宗教は関係なく、キリ
スト教、仏教、イスラム教にも使います。「礼拝堂」「聖堂」
など祈りを目的とした空間というイメージです。

**There are many fascinating Hindu shrines in India.**
（インドには、たくさんの興味深いヒンドゥー教の礼拝堂があります。）

　いっぽう、templeはラテン語のtemplumに由来し、も
ともとジュピター（ユーピテル）などローマ神話の神様に祈
る場所でした。
　現在templeという英語は、「建物全体」のことをさし、仏
教（寺院）、ユダヤ教、イスラム教（モスク）にも使われてい
ます。
　キリスト教では、教会を意味するchurch、司教がいる場

合はcathedralを使います。東方正教会もよくtempleと言います。

**While I was in Greece, I visited the temple of Hephaestus.**
（ギリシアにいる間、ヘーパイストス神殿を見に行った。）

　つまり、日本語では宗教によって神社かお寺かが分かれますが、英語では目的によって建物の呼び方が分かれています。日本に住んでいるネイティブも、神社をshrine、お寺をtempleと呼んだりしますが、日本人は英語でのshrineとtempleの意味合いを理解すると英語圏の人に正しく説明ができていいでしょう。

第 7 章

# これ、
# 英語でなんと言う?

THEME

# ハーフ

自分の
アイデンティティ
を言えるように
なろう

　突然ですが、僕はアメリカ人とイギリス人の両親から生まれました。以前、日本にはハーフのタレントやモデルが多いと聞いて、初対面の日本人に「僕はハーフです」と自己紹介していました。すると、相手のほとんどが眉をひそめるか、冗談だと思って笑うかのどちらかでした。当時は深く考えませんでしたが、やはり日本人にとって白人と白人のハーフは、「ハーフ」というイメージではないようですね。

　さて本題に戻りますが、英語で「ハーフ」はどのように表すのでしょうか。"I am a half."（私は半分です。）と言ったら、ネイティブはちんぷんかんぷんです。「あなたは半

これ、英語でなんと言う？

分なの？」「半分は何？」「半分、落ち込んでいる？」「半分はいい人で半分は悪い人？」「一体どういうこと⁉」などと思いそうです。

　通常、英語で自己紹介するとき、自分のアイデンティティをすべて言います。つまり、どこの国とどこの国が半分ずつなのかを言うのです。

　僕の場合なら、こうなります。

**I'm half British and half American.**
**イギリスとアメリカのハーフ**です。


　見てわかるように、英語のhalfは形容詞として使われています。英語でハーフを表す場合は、「half ＋ 国籍 ＋ and ＋ half ＋ 国籍」です。

　しかし、もし日本とフランスのハーフで今日本にいるなら、"I'm half French." とだけ言っても十分に通じると思います。ですので、僕はアメリカでは、"I'm half British." と言います。


　クウォーターなら、「quarter ＋ 国籍」を使います。

**I'm quarter Korean.**　私は**韓国のクウォーター**です。

233

## ハーフと間違われたら

　もしかすると、彫りが深い日本人や外国人のような雰囲気の日本人は、外国人に "Are you half Japanese?" と聞かれることがあるかもしれません。そんなとき、自分がハーフではないなら、

**No, I'm completely Japanese.**　いえ、私は純日本人ですよ。

**I'm 100 percent Japanese.**　俺は100%日本人だよ。

　などと答えるといいでしょう。


　ちなみに、最近日本でも「ミックス」という呼び方が浸透しつつあるようですが、イギリスの国勢調査でも使っています。英語にする場合は、mixed-race が正しい言葉です。

**In the UK, mixed-race people are the fastest growing ethnic group.**

イギリスでは、ミックスの人はもっとも急速に増えている民族グループです。

　アメリカでは、multiracial のほうがよく使われています。

## 「ハーフ」のフレーズ

**I'm half British and half American.**
イギリスとアメリカのハーフです。

**My son is half Japanese and half Filipino.**
私の息子は日本とフィリピンのハーフです。

**They are half Brazilian and half Japanese.**
彼らはブラジルと日本のハーフです。

**I'm quarter Korean.** 私は韓国のクウォーターです。

**No, I'm completely Japanese.**
いえ、私は純日本人ですよ。

**I'm 100 percent Japanese.** 俺は100％日本人だよ。

**In the UK, mixed-race people are the fastest growing ethnic group.**
イギリスでは、ミックスの人はもっとも急速に増えている民族グループです。

THEME

# 外国人

使ってはいけない
英語を
知っておこう

「外国人」という言葉を英語にするとき、foreigner/alien/foreign residentなどと言いますが、これらの言葉は慎重に使ったほうがいいでしょう。

「外国人」と呼ぶのは失礼だと思う日本人が多くいるように、英語でのforeignerも使わないほうがいいと考えるネイティブは多くいます。

もし、その外国人の国籍がどこかを知っているなら、foreignerではなく、その人の国籍を使ったほうがいいでしょう。

たとえば、"My friend Pierre is a foreigner."（僕の友達のピエールは外国人だ。）と言うより、

これ、英語でなんと言う？

**My friend Pierre is French.**
僕の友達のピエールはフランス人だ。

　と言ったほうが丁寧です。これは日本語でも同じことが言えるのではないでしょうか。

**I'm not a foreigner. I'm British.**
私は外国人じゃない。イギリス人だ。


　しかし、その人の国籍がわからない場合は、少し困りますね。その場合には、foreignerを使う英語のネイティブもたくさんいます。

　とはいえforeignerと言うのは失礼だと思う方は、expatriateという単語のほうがいいでしょう。expatriateの意味は、「自分の国に住んでいない人」なので格好いいというイメージがあります。

　このexpatriateはよくexpatと略して、日本に住んでいる外国人が自分のことをexpatと言っているのを何度も聞いたことがあります。

**I am really enjoying the expat lifestyle in Japan.**
日本で外国人としての生活をとても楽しんでいる。

**Most of my friends are expats.**

僕の友達の多くは外国人だ。

**If you want to learn English in Japan, you should hang out with expats.**

日本で英語を勉強したいなら、外国人と遊んだほうがいいよ。

外国人の学生や留学生の場合、foreign student より international student のほうが丁寧な印象です。

そして alien という単語は、通常「宇宙人」という意味になりますが、アメリカの政府はよく外国人を alien と呼びます。

たとえば、不法在留外国人を illegal alien と呼びます。しかし、多くの人はこのフレーズにいい印象を持っていないので、illegal immigrant のほうが丁寧な呼び方でしょう。

## 「外国人」のフレーズ

**My friend Pierre is French.**
僕の友達のピエールは**フランス人**だ。

**I'm not a foreigner. I'm British.**
私は外国人じゃない。**イギリス人**だ。

**I am really enjoying the expat lifestyle in Japan.**
日本で**外国人**としての生活をとても楽しんでいる。

**Most of my friends are expats.**
僕の友達の多くは**外国人**だ。

**If you want to learn English in Japan, you should hang out with expats.**
日本で英語を勉強したいなら、**外国人**と遊んだほうがいいよ。

THEME

# おととい・明後日

映画
「デイ・アフター・
トゥモロー」
の謎

「デイ・アフター・トゥモロー」という映画を観たことがありますか?

僕は、なぜこの映画の邦題が「明後日」ではないのかが気になります。おそらく「明後日」だと、映画のタイトルとしては日本人の耳に平凡すぎて退屈なものに聞こえるのでしょう。

では、なぜ英語では "The Day After Tomorrow" がタイトルとしてもいい単語なのでしょうか?

それは、ネイティブはthe day after tomorrow(明後日)やthe day before yesterday(おととい)をあまり使わないからです。なぜなら、これらのフレーズはとても使いにく

これ、英語でなんと言う？

いのです。

　ネイティブが「明後日」や「おととい」について話したいときは、two days from now（今から2日後）、またはtwo days ago（今から2日前）を使います。

**What are you going to do two days from now?**
明後日、何をする？

**I went mountain climbing two days ago.**
おととい山に登った。

　「2日後」を意味するtwo days laterは、過去や未来を基準に「そこから2日後」と言いたいときに使います。

**I went to Paris on Monday, and two days later I went to Germany.**
月曜日にパリへ行って、その2日後にドイツへ行った。

## 曜日で伝える

　何日後なのか数えるのが面倒だと感じる場合は、曜日を言うのが一番簡単です。たとえば、もし今日が火曜日で「明後日」と言いたい場合は、「木曜日」と言うだけで大丈夫で

241

しょう。

two days from now や two days from today（今日から 2 日後）、または a day from tomorrow（明日から 1 日後）もありますが、これらはネイティブでも少しわかりにくいです。

## 「しあさって」と「さきおととい」

the day after the day after tomorrow（明日の次の日の次の日）をネイティブが使うことはほぼありません。言葉にするのも難しいですし、聞き手にも少し暗算を必要とします。

同様に、the day before the day before yesterday（昨日の前の日の前の日）という言い方もほとんどしません。three days from today（今日から 3 日後）や two days from tomorrow（明日から 2 日後）とも言えますが、やはりこれらはネイティブにとっては紛らわしいものです。

ほとんどのネイティブは、曜日や日にちの観点から考えます。そのため、もし今日が月曜日で「しあさって」と言いたい場合には、今週の木曜日を意味する this Thursday と言うのがベストでしょう。

これ、英語でなんと言う？

　同様に「さきおととい」と言いたいなら先週の金曜日を意味する Friday of last week と言えるでしょう。日本人の間でも「さきおととい」はあまり使われないようですね。

**I'll meet you the day before tomorrow.**
明日の前の日にあなたと会います。

　ネイティブはたまにこのフレーズをおやじギャグとして使います。the day before tomorrow とは、もちろん今日のことです。

## 「おととい・明後日」のフレーズ

**What are you going to do two days from now?**
明後日、何をする？

**I went mountain climbing two days ago.**
おととい、山に登った。

**What did you do two days ago?**
おととい、何をしましたか？

THEME

# 高齢者

人生の先輩に
敬意を払おう

　昔は、年をとった人のことをよくold person（古い人、年寄り）と呼んでいましたが、現在はそう呼ばれるのを嫌がる人が多くいます。実際、70代でも元気で活動的な人は多いので、昔の70代と今の70代は違いますね。

　この代わりになる英語は、一般的にelderly person（高齢者）、もしくはolder person（年上の人）で、これらは丁寧な呼び方です。

　elderとelderlyの違いは、どちらも形容詞ですが、elderは「年上の」という意味で、elderlyは「年配の」という意味です。

　また、olderは比較級なので、「その人がoldなのではなく、

若い人に比べると年上」という意味になります。なので、この呼び方のほうが失礼ではないと感じるネイティブが多くいます。

**There are lots of old people in Ueno.**
上野には年寄りがたくさんいます。

　こちらより、以下の2つの言い方のほうが丁寧ですね。

**There are lots of elderly people in Ueno.**
**There are lots of older people in Ueno.**
上野には高齢者がたくさんいます。

　どちらかというと、elderly person は直接的すぎて少し失礼なので、older person のほうがより丁寧です。


　最近は、senior citizen という呼び方が一番丁寧だと思う人が増えてきています。

**Senior citizens wield a lot of political power in Florida.**
フロリダ州では高齢者が政治力をふるう。

## 「高齢者」のフレーズ

**There are lots of old people in Ueno.**
上野には**年寄り**がたくさんいます。

**There are lots of elderly people in Ueno.**

**There are lots of older people in Ueno.**
上野には**高齢者**がたくさんいます。

**Senior citizens wield a lot of political power in Florida.**
フロリダ州では**高齢者**が政治力をふるう。

THEME

# 田舎

使い方に
気をつけたい
「田舎」の英語

　最近、都会の悪い空気から遠く離れた日本の田舎に素敵な家が持てたらいいな、と思っています。そこで野菜や果物を育てる空想にふけり、ついでに養蜂するのもいいな、と思っています。
　僕は日本の田舎が美しいと思いますが、日本人の「田舎」の使い方にはよく混乱してしまいます。
「田舎くさい」や「田舎者」と言うときは、ネガティブな意味を含んでいるようですが、特にネガティブではないときもありますね。日本では、田舎での生活よりも都会での生活のほうがより洗練されたものと考えられているのだとよく感じます。

これ、英語でなんと言う？

イギリスでは、その反対が多いです。

多くの名門学校は田舎にありますし、お金持ちになったら田舎に移り住む人が多いです。僕はイギリスの田舎出身なので、僕の意見には少し偏見があるかもしれません。

## 一般的な田舎

田舎を表すもっとも一般的な単語はcountrysideです。ポジティブな意味合いで使われています。僕が考えるcountrysideは、きれいな空気、緩やかに波打つ丘陵、草原や農場などです。

**I would love to get a house in the countryside when I retire.**

**僕は、退職したら田舎に家が欲しいと強く思っている。**


次に一般的なフレーズはrural areaです。countrysideより少しフォーマルな表現となり、「田舎の」という意味の形容詞で、よくrural Japan、rural Britainというように国の名前と一緒に使われています。

**Rural Britain has many beautiful villages.**

**イギリスの田舎には美しい村がたくさんある。**

## ネガティブなニュアンスの田舎

一番多く使われている単語はこの 2 つですが、「田舎」はほかにもあります。

アメリカ英語の辞書で調べると、backcountry（未開地）/backwoods（過疎地）/sticks（僻地）/boondocks（僻地）/middle of nowhere（辺ぴな場所）などネガティブなニュアンスの単語がたくさん見つかります。

アメリカでは、人がいない奥地をbackcountry とよく言います。これを聞くと、森林や山でのキャンプを思い浮かべます。

**In the summer, I like to go camping in the backcountry with my friends.**
夏には、友達と一緒に田舎でキャンプをするのが好きだ。

backwoods は、人里離れた草木の生い茂る地域のことを表しています。日本語の「過疎地」という表現に近いでしょう。

**I spent a week hiking in the backwoods of Canada.**
1 週間カナダの田舎でハイキングをした。

これ、英語でなんと言う？

この2つは「進歩が遅い」を意味するbackwardと関わっているので、気をつけて使いましょう。

stickは枝という意味ですが、この場合は枝がたくさんある場所をさします。つまり、「木々がとても多い場所＝田舎」を意味します。

I grew up in the sticks, but now I work in Silicon Valley.
私は木々の生い茂る田舎で育ったけど、今はシリコンバレーで働いている。

boondocksは、フィリピンのタガログ語から来ています。アメリカ人兵士によって取り入れられた単語で、今でもよく使われています。

Down here in the boondocks, there isn't a Starbucks for miles.
この人里離れた田舎では、スターバックスは何マイルも行かないとない。

booniesと縮めて言う人もいます。

middle of nowhereは、文字通り何もない場所を意味し

ます。これは少々失礼な表現なので、使うときには注意が必要です。人類の文明の形跡があまり見られない場所を表現するのに使われます。

**We are in the middle of nowhere. I can't even find a gas station!**

**僕たちはまったく何もない場所にいる。ガソリンスタンドもない!**

## ポジティブなニュアンスの田舎

　イギリスでは、スコットランドのハイランド地方以外に人里離れた場所があまりありません。しかし、ウェールズやコーンウォールのように小さな村しかない場所はたくさんあります。

「人がほとんどいない場所」は、一般的にwildernessと言います。wildernessには「野生」を意味するwildが入っています。畑や家がなく、すべてが自然というイメージです。ポジティブなニュアンスがあります。

**I want to go to the pristine wilderness of the Yukon Territory.**

**私は自然のままのユーコンに行ってみたい。**

## 「田舎」のフレーズ

I would love to get a house in the countryside when I retire.

僕は、退職したら**田舎**に家が欲しいと強く思っている。

Rural Britain has many beautiful villages.

イギリスの**田舎**には美しい村がたくさんある。

In the summer, I like to go camping in the backcountry with my friends.

夏には、友達と一緒に**田舎**でキャンプをするのが好きだ。

I spent a week hiking in the backwoods of Canada.

1週間カナダの**田舎**でハイキングをした。

I grew up in the sticks, but now I work in Silicon Valley.

私は木々の生い茂る**田舎**で育ったけど、今はシリコンバレーで働いている。

Down here in the boondocks, there isn't a Starbucks for miles.

この**人里離れた田舎**では、スターバックスは何マイルも行かないとない。

We are in the middle of nowhere. I can't even find a gas station!

僕たちは**まったく何もない場所**にいる。ガソリンスタンドもない！

I want to go to the pristine wilderness of the Yukon Territory.

私は**自然**のままのユーコンに行ってみたい。

COLUMN

# ratとmouseとでは大違い！

　先日、寝ようとして布団に横になっていると、タタタタ……カタッ……、台所辺りから妙な物音がしました。恐る恐る明かりをつけて台所を見てみると、そこには何もいません。

　しかし、再び寝ようとすると、また物音が聞こえてきます。まさにホラーです。明らかにゴキブリとは違う、「何か」がいるのです。心拍数は上がり、眠れないまま朝を迎えました。

　翌日、人に相談して、それがネズミだとわかったとき、恐怖心がさらに増しました。そうです、僕はドラえもんなのです。

　本題から少しそれてしまいましたが、「ネズミ」は英語だと、ratかmouseになります。しかし、英語圏の人々にとって、この2つには大きな違いがあります。

　mouseは小さくかわいらしい動物で、ratは大きくてとても気味の悪い動物なのです。そのため、「一番嫌いな動物はratだ」と言う子供たちに、"Do you like mice?"（mice＝mouseの複数形）と聞くと、yesと答える子が多くいるでしょう。

僕も、もし台所にいるのがmouseだったら、それほど気にしませんが、ratであれば引っ越しを考えます。そこで1つ不思議に思ったのは、なぜ日本では両方ともネズミと呼ぶのかということです。

　渋谷の街中や地下鉄のホームなどで、「あ、ネズミ！」という声を何度か聞きましたが、「あ、ドブネズミ！」や「あ、ハツカネズミ！」と言っているのは聞いたことがありません。

**There are several mice in the wall.**

（壁の中に数匹の**ハツカネズミ**がいます。）

**I hope there are no rats in my kitchen!**

（台所に**ドブネズミ**がいませんように！）

**I used to have a pet mouse.**

（昔、僕は**ハツカネズミ**を飼っていた。）

　ちなみに、mouseの複数形はmousesではなくmiceだと覚えるのは大事ですね。ratの複数形はratsなので簡単です。しかし、パソコンのマウスを意味するmouseの複数形はmiceでもmousesでも大丈夫です。

COLUMN

# たくさんある「うんこ」の英語

　うんこを意味する英語は、丁寧なものから、失礼なもの、若者が使うものまで、たくさんあります。

## 丁寧な「うんこ」

　feces や stool は病院でよく使われる言葉で、日本語の「便」に近いでしょう。

**Could you give us a stool sample please?**

（便のサンプルをもらっていいですか?）

　excrement もとても丁寧な表現なので、少し科学的に聞こえます。日本語の「排泄物」に近いでしょう。

**When I went to India, I saw a lot of excrement on the streets.**

（インドに行ったときに、道でたくさんの排泄物を見ました。）

　bodily waste も同様に「便」を意味します。

　manure や dung は、動物の排泄物です。

**After it rains, this field smells like cow dung.**

（雨が降ったら、この畑は牛の排泄物の匂いがします。）

## 日常表現の「うんこ」

pooという言葉は一般的な表現です。日本語の「うんこ」のニュアンスに一番近いでしょう。poohというスペルもあります。poopはpooと同じ意味です。

**The baby did a poo again.** （赤ちゃんがまた**うんこ**をした。）

通常、turdは犬に使われます。dog turdは「犬の糞」です。

**Oh no! I just stepped in some dog turd.**

（いやだ！ いま**犬の糞**を踏んだ。）

## 若者が使うスラングの「うんこ」

dumpはスラングで、take a dump（うんこをする）というフレーズがよく使われます。

**Hang on. I need to take a dump.**

（ちょっと待って。今**うんこし**にいく。）

crapもスラングで、do a crapやtake a crapというフレーズをよく耳にします。crapは丁寧ではありませんが、スラングの中では一番丁寧な言い方だと思います。

shitはcrapより失礼です。

**Dude. I think there is some bird crap on your shirt.**

（おい。君のシャツに鳥の**うんこ**がついていると思うよ。）

COLUMN

# 直訳できない日本語 ①
# 「窓口」

　先日、仕事で「窓口」という単語を訳そうとしたとき、なかなか難しいことに気づきました。この「窓口」という単語は、電話の窓口も受付の窓口も両方表しますが、英語には近い単語がないのです。

　日本人は、たまにwindowやwindow mouthと訳すことがありますが、ネイティブにとってwindowは通常ただの窓で、window mouthだとちんぷんかんぷんです。

　では、どのような英語がいいのでしょうか。

　まず、どこのどのような窓口を指しているのかを考える必要があります。

## 消費者向けの窓口

　消費者の問い合わせや要望に対応する窓口の場合は、help line/help desk/customer serviceがいいでしょう。

　電話で対応する場合はhelp line、面と向かって話す場合はhelp deskが適切です。customer serviceもよく耳にしますが、電話での対応かそうでないかは特定されていません。

### 事業者向けの窓口

個人的なサービスを提供する窓口の場合は、liaison や point of service がいいでしょう。

事業者向けなら、多くの場合、客ごとに担当者がいます。担当者と客の親密な関係を表すために、liaison や point of contact を使います。客はいつでも担当者と連絡が取れるのです。

**I will be your liaison from now on.**

（これから私が御社の**窓口担当者**になります。）

### スーパーやデパートの窓口

スーパーやデパートなどで問題や質問がある場合は、service counter に行きます。日本でも「サービスカウンター」を見かけますね。

ちなみに英語でデパートは department ではなく department store です。

### 銀行の窓口

teller は銀行の窓口を指し、金銭の相談や受け渡しなどができます。ちなみに、ATM は automated teller machine の略です。

### 駅 の 窓 口

　駅の窓口は、ticket officeやticket boothと言います。よって、JRのみどりの窓口は、JR ticket officeになります。機械で切符を買う場所は、self-service kioskと言います。

### 映 画 館 の 窓 口

　映画館でチケットを売る窓口は、ticket boothやwindow boothと言います。

### 受 付 ・ フ ロ ン ト

　会社、病院、ホテルなどの受付・フロントは、reception deskと言います。そして、その受付係はreceptionistと呼ばれます。

　日本では、ホテルの受付はフロントと呼ばれていますが、これは和製英語なので、英語圏の国でfrontと言うと「ホテルの前」だと解釈されてしまうかもしれません。正しくは、front deskです。

　これほどたくさんの訳があるなんて複雑ですね。やはり、窓口の直訳があれば助かるでしょう。

COLUMN

# 直訳できない日本語 ②
# 「嗜好品」

　僕は、「嗜好品」を英語に訳すとき、いつも困ります。実際「嗜好品」という考えが、英語には存在しないのではとさえ思います。

　10年ほど前の話ですが、英米の外国人研究者は国際シンポジウムの研究発表討論の際、「嗜好品」という言葉に、用意されていた英訳ではなくsikohinを用いたそうです。

　和英辞典で「嗜好品」を引くと、絶対にネイティブが使わない単語が出てきます。

　たとえば、articles of taste（趣味の用品）。この英語は不自然な上に、意味がまるで伝わってきません。

　luxury items（贅沢品）、この英語は使いますが、「嗜好品」の意味を正しく表せていません。たとえば、コーヒーは特に贅沢なものではありませんが嗜好品の 1 つです。

　ほかには、non-essential items（必要ではない物）。嗜好品は栄養や生命維持などには関係のない品々なので、この訳は間違っていませんが、「必要ではない物」というと楽し

みとしての「嗜好品」は思い浮かばないでしょう。

　discretionary items というフレーズはあまり耳にしませんが、これらの訳の中ではこれがもっとも適切だと思います。discretion は「判断の自由」という意味なので、discretionary items は、「個人が自由に選べるアイテム」という意味になります。

　やはり、嗜好品を英語で説明したい場合、その商品 1 つずつをリストアップしなければなりません。

**I bought some alcohol and tea at the duty free shop in the airport.**

（空港の免税店で嗜好品を買った。）

ルーク・タニクリフのティータイム English（婦人公論 2017 年 4 月 25 日号）
ルーク・タニクリフのティータイム English（婦人公論 2017 年 7 月 11 日号）
ルーク・タニクリフのティータイム English（婦人公論 2017 年 7 月 25 日号）
ルーク・タニクリフのティータイム English（婦人公論 2017 年 10 月 10 日号）
※本書収録にあたって改題、加筆、修正を行いました。

ルーク・タニクリフ
(Luke Tunnicliffe)

1982年イギリス生まれ。イギリス人の父とアメリカ人の母を持つ。13歳までイギリスで暮らし、その後アメリカのノースカロライナ州の高校に転校、イギリス英語とアメリカ英語の違いを経験。ウェズリアン大学を卒業後、雑誌編集者・記者の仕事を経て、2005年、JETプログラムで来日。新潟の中学校で2年間英語教師をつとめ、その間に日本語を学ぶ。2008年に再来日。英会話講師とビジネス翻訳の仕事をしつつ、東京大学大学院にて翻訳論を学ぶ。2010年に開設した自身のホームページ「英語 with Luke」は開設直後からコアな英語学習者の間で話題となる。初心者から上級者までレベルを問わず楽しめる記事でまたたく間に人気を博し、月間150万PVを記録する破格の人気サイトとなっている。

著書に『「とりあえず」は英語でなんと言う?』(大和書房)、『カジュアル系』英語のトリセツ』(アルク)、『この英語、どう違う?』(KADOKAWA)、『イギリスのスラング、アメリカのスラング』(研究社)がある。

だいわ文庫

「さすが!」は英語でなんと言う?

二〇一七年十一月十五日第一刷発行

著者　ルーク・タニクリフ
©2017 Luke Tunnicliffe Printed in Japan

発行者　佐藤靖

発行所　大和書房
東京都文京区関口一ノ三三ノ四　〒一一二ー〇〇一四
電話　〇三ー三二〇三ー四五一一

フォーマットデザイン　鈴木成一デザイン室

本文デザイン　星子卓也

本文イラスト　kaidokenta

カバー印刷　シナノ

本文印刷　山一印刷

製本　ナショナル製本

ISBN978-4-479-30676-4
乱丁本・落丁本はお取り替えいたします。
http://www.daiwashobo.co.jp

＊本作品は当文庫のための書き下ろしです。